岭南师范学院广东省重点优势学科（教育学）
建设经费资助出版

大学治理引论

陈金圣　著

DAXUE ZHILI YINLUN

武汉大学出版社

图书在版编目(CIP)数据

大学治理引论/陈金圣著. —武汉:武汉大学出版社,2022.9
ISBN 978-7-307-23229-7

Ⅰ.大…　Ⅱ.陈…　Ⅲ.高等学校—学校管理—研究　Ⅳ.G647

中国版本图书馆 CIP 数据核字(2022)第 132819 号

责任编辑:聂勇军　　　责任校对:汪欣怡　　　版式设计:韩闻锦

出版发行:**武汉大学出版社**　　(430072　武昌　珞珈山)
　　　　　(电子邮箱:cbs22@whu.edu.cn 网址:www.wdp.com.cn)
印刷:武汉图物印刷有限公司
开本:720×1000　　1/16　　印张:11.75　　字数:175 千字　　插页:2
版次:2022 年 9 月第 1 版　　　2022 年 9 月第 1 次印刷
ISBN 978-7-307-23229-7　　　定价:40.00 元

自　序

近二十年来，大学治理问题一直是国内高等教育界的重要学术话题，其动因当然不外乎理论研究和实践推展两个方面。在理论研究方面，随着治理话语在社会科学领域的兴起，大学治理也逐步成为社会公共部门治理的重要议题。在大学外部，人们在思考如何调和大学与政府、市场和社会的关系时，借鉴公民社会治理理论的观点、视角和思维，强调国家应从"统治"走向"治理"，主张放松政府对大学的过度管制，同时规范市场力量向大学的渗透，以及大学和社会之间的对话与互动，在政府和大学之间建立起一种基于增进社会公共利益的合作伙伴关系，在大学和市场、社会之间建立起一种良性交流与理性合作的关系框架，推动大学管理、办学和评价的适度分离，形成大学自主办学、政府宏观管理、市场科学调节、社会适度介入的大学外部治理框架，以确保大学在政府、市场和社会三股力量之间建立起相对平衡的关系，[①] 既保持面向社会自主办学的相对独立性与超脱性，又有效寻求大学外部重要利益相关方的关注和支持。在大学内部，在思考如何平衡学校党委、行政、教授（教师）和学生等不同治理主体的价值、权责和利益关系时，人们将目光转向公司治理理论以寻求借鉴，最终获得了脱胎于公司治理结构及机制又与其明显有别的大学内部治理结构及机制的洞见。大学内部治理结构的现实功能，是要建立起一种以学术权力为基础、以实现公共利益为目标、能够有效协调"冲突与多元利益"的内部决策权结构。[②]

---

① 龚怡祖. 大学的梦想——龚怡祖文集[M]. 南京大学出版社，2016：163.
② 龚怡祖. 大学的梦想——龚怡祖文集[M]. 南京大学出版社，2016：165.

无论大学外部治理还是内部治理，都视大学为处于一个开放、多元、交互的生态当中的典型利益相关者组织，强调通过现代社会的治理机制来实现多元利益相关者之间的价值、权责与利益平衡，以期用一个取各方价值与利益之"最大公约数"而形成的和谐的共同目标去取代各方之间可能的纷争与角力，进而使被多种内外部力量所环绕和作用的大学能重新找回自己的重心并恢复应有的绩效能力。①

　　在实践推展方面，随着中国特色现代大学制度建设的深入推进，尤其"双一流"建设等高等教育政策实践的推进，大学治理随之由学术议题转换为重要的政策议题和实践课题。在大学已日渐走近社会的中心、大学与社会的互动日益频繁的时代背景下，从现代社会治理的视域来看，社会场域中的大学治理还具有特殊的意义，即在某种程度上扮演着社会公共事业部门治理现代化"示范者"和"引领者"的角色。在国家治理体系和治理能力现代化的历史进程中，在政府治理现代化和公司（企业）治理现代化的同时，还包含着社会公共事务部门治理的现代化。大学作为高等教育事业单位，归属于社会公共事务部门，其治理体系与能力的现代化，不仅关乎高等教育与学术水平的有效发挥，而且攸关社会公共事务部门治理的现代化进程。尤其在当前事业单位改革已逐渐进入"深水区"的改革阶段，大学如何通过内部治理改革实现同变革中的外部制度环境的有效协同，通过内部治理的现代化来助推政府对大学的"简政放权、放管结合、优化服务"改革，来实现基于教育学术生产力提升的社会公共利益的增进，以及教育学术目标与社会服务旨趣的融合，这既是大学治理改革的"题中之义"，又构成事业单位治理变革的"参照系"。可见，在国家治理现代化的框架中，在社会治理现代化的视域下，大学治理早已不只是大学自身的改革议题与进程，不可避免地具有社会治理变革的色彩和意义。

　　以治理的空间边界区分，大学治理可分为大学内部治理和外部治理两个基本领域。良好的大学外部治理，意味着大学和政府、市场与社会

---

① 龚怡祖.大学的梦想——龚怡祖文集［M］.南京大学出版社，2016：164.

之间形成良性的对话和互动格局，无疑可以为大学内部治理的现代化提供必要的环境条件。同样，良好的大学内部治理，意味着大学内部各种力量之间已形成和谐的共生关系，使得大学可以成为一个自主、自律、自为的理性行动主体，自然也有助于外部环境系统对大学释放更多的信任、赋权与资源。可见，大学内外部治理之间存在相互依存、相互作用的关系。考察我国大学治理的改革实践，不难发现，既不能忽视学界有关大学自主权、政府简政放权等改革呼声与制度诉求，又不宜轻视大学能否凭借自身健全的内部治理结构与机制行使好政府向大学所放之权的问题。在高等教育管理体制改革逐步深入、高等教育领域"放管服"改革逐步推进的现实语境下，大学自身能否通过有效的内部治理变革建立完善的内部治理结构与机制，形成可靠的内部治理体系与能力，恐怕更应成为我们关注的重点和焦点。在大学组织内部，大学的治理本质上是大学内部多种力量之间的互动和博弈，是大学组织运行尤其围绕着决策而展开的组织过程或活动。大学的治理机制保障多元利益相关者之间的对话、互动与沟通，以及在此基础上的价值整合、权责配置与利益博弈。因此，大学内部治理结构即大学内部决策权结构，构成大学内部治理机制的关键。大学层面的治理离不开大学内部的权力运行、制度安排和组织文化等组织制度要素的保障和支持。换言之，研究大学治理议题，往往难以同大学组织制度问题截然分割开来，因为二者之间存在密切的关联。大学治理结构涉及大学重要事务决策权的配置，大学治理机制涉及多元利益相关方对大学组织决策权的介入、共享和行使。大学各利益相关方围绕大学重要决策的对话、沟通和协商，则需要相应制度规则体系的保障和规范，并且是在特定的组织文化生态中开展的。

跳出大学的组织边界转到大学外部来看，鉴于大学在现代社会中已确立"轴心机构"的角色与地位，同政府、市场和社会之间已建立起密不可分的外部联系，大学治理显然已不是简单的"大学自身"的组织运行与改革课题，而成为牵涉大学与政府、市场、社会的利益关系，以及学术与政治、法律的价值关系等核心治理命题。① 从我国大学治理变革的现实情境和实际进程来看，以大学与政府关系的调整为核心内容的大学外部治理变革在加快推进，以大学内部权力关系的优化为核心内容的大学内部治理改革也在积极探索中，并且，大学内外部治理变革还构成互为条件、相辅相成的双向作用关系。大学内部与外部治理的紧密耦合和相互作用关系，既反映了大学内外部治理之间相互影响的内在机理，也凸显出大学治理变革中内外部治理协同推进的重要性，以及确立体系变革思维、完善大学治理体系的必要性。从大学治理概念转换到大学治理体系的命题，虽然关注的核心议题未有变化，但更加强调了开放的视野、联系的观点、系统的思维和整体的方法论。

　　大学治理是一个复杂的理论命题，更是一个复杂的实践课题。无论是理论命题还是实践课题，复杂性都意味着把握和驾驭的难度。对大学治理问题的系统探讨，同样难免具有因问题本身复杂性所带来的挑战性，尤其难以兼顾研究的广度和深度，或者说研究的系统性和深入性。作为一名在大学治理领域有所涉猎的研究者，笔者时常挣扎于"动手写"的冲动和"不敢写"的敬畏之间的纠结，几经思索，最终决定还是本着"有所为、有所不为"的思路，选择一些自己有所思考的问题作为重点，将对这些问题的思考诉诸文字，形成一部著作，作为向同行求教、获取批评指正的基础。相应地，本书的基本定位，并非是对大学治理问题进行全面、系统研究的体系化的专著，而是对大学治理若干相关问题进行探讨的整合性著述，所选择的重要问题包括：一是我国大学治理变革的方向和路径问题，如健全大学治理体系以推动大学治理能力现代化的根本路径，中国大学在坚持党的领导之下如何完善多元共治的变革方向等；二是我国大学治理的环境条件问题，如改革开放以来大学办学自主权的完善与扩展问题，事业单位体制改革背景下大学治理的组织制度生态问题等；三是我国大学的内部治理问题，如大学党委领导权责及其实现问题、大学校长法定权责及其履行问题、教授群体的治理作用（是

---

① 　龚怡祖. 大学的梦想——龚怡祖文集［M］. 南京大学出版社，2016：169.

治学还是治校)问题等;四是大学的学科治理问题,包括大学学科治理的现实语境与多元价值,学科治理命题的基本学理阐释,学科治理的组织基础与运行机制,以及学科治理的制度化路径,等等。在组织这些内容时,笔者采取的技术路线是从理论到实践,从远景到近景,首先,将大学治理问题作为一个整体,思考提升我国大学治理体系与能力的行动路径和大学治理的变革路向问题,作为深入分析大学治理相关具体问题的基点和基调。其次,抓住大学治理制度环境中最关键的两个问题——大学的办学自主权(涉及大学和政府的关系)和大学的单位体制结构,从大学自主权的落实、事业单位改革的目的方面探讨相关改革的方向,落脚点在于大学自身组织生态和外部制度环境的优化(这是大学治理变革的基础性条件)。再次,针对大学内部治理的三个关键维度——党委领导、校长治校和教授治学,分别探讨党委和校长的领导权责及其落实,以及教授群体的治理参与边界和治理行动空间。最后,聚焦大学内部的学科治理议题,就这一大学治理领域的前沿课题展开研究,展示笔者对学科治理命题的思考和探索,以期提供有关学科治理的理论认知或可能的理论洞见。

似有必要指出,本书是笔者对大学治理相关学术议题进行实践的产物,其中包含着笔者以"大学人"身份在大学工作十余年的工作体验和感悟,包含着笔者以"研究者"立场对大学治理相关问题的个体认知和理解,包含着学术性向的理论论述、实践评析和对策建言。因笔者学术视野、专业功底乃至工作经历等方面的局限,书中难免存在疏漏之处。对此,本人愿诚恳地听取学界同仁的批评意见,并在后续的研究中予以改进、纠正,以期在学术研究中不断精进。

目　录

第一章　治理体系和治理能力现代化：
大学治理变革的目标

　　大学是遗传与环境的产物，① 深受所处历史时代与社会环境的影响。在某种程度上，大学的治理样态或模式同样如此，深受大学所处时代和社会生态的影响。从大学产生和发展的角度来看，中国大学属于一些学者所概括的"后发外生"类型，即相较于西方尤其欧洲大学而言，我国大学在历史上诞生较晚，且主要为知识界之外的外部力量所催生，而非因知识界自身的力量逐步壮大所致。一般而言，相对于先发内生型的大学，后发外生型的大学在学术力量、精神底蕴和文化传统等方面相对羸弱，更容易受外部力量的影响，反映在大学治理领域，通常是大学的自主性欠佳，政府对大学的干预较多；大学内部学术力量较弱，行政力量较强。我国大学一直因行政化的体制弊病而饱受非议，这种行政化实质上主要是指在大学内外部存在着行政力量过强的治理结构（决策权结构），导致大学在实际运行中尤其在重要事务的决策过程中深受大学内外部行政权力的控制。相应地，在大学外部，大学通常近似政府的某种附属物，办学自主权和自主性不足；在大学内部，则是学术权力不足而行政力量强大，导致学术逻辑和学术文化不彰，进而损及大学的教育与学术生产力。必须强调的是，我国大学的行政化趋向，有着深刻的体制根源，而且这种制度上的根源也绝非仅局限于大学自身。从我国的高等教育管理体制来看，总体上属于集权型管理体制，国家管理高等教育

---

　　① E·阿什比.科技发达时代的大学教育[M].滕大春，等，译.人民教育出版社，1983：7.

1

的权力集中于政府，大学本应享有的办学自主权尚不够充分，获得的法治保障亦不够得力，政府对大学的确权、放权、授权相对不足。正是这种"强政府、弱大学"的外部权力格局和制度结构，导致大学相对于政府始终处于比较弱势和被动的地位。当然，随着国家治理体系和治理能力现代化进程的推展，尤其是国家高等教育管理体制改革的深入，这种过度集权于政府的高等教育管理体制和治理格局正在获得改观，大学办学自主权的法律确权和政府对大学的主动放权，都已取得相应的进展，大学外部的行政化制度结构正在趋于松动和改观。另外，在高等教育法治化的时代背景下，伴随着依法治校潮流、大学治理理念的兴起和大学章程的实施，大学在内部治理层面的实践探索也在不断深入。大学内部治理的改革，客观上已构成中国特色现代大学制度建设的重要内容。

我国大学的后发外生特质，意味着其演变与发展同国家和社会的变迁具有某种紧密的内在关联。与此类似，大学的治理变革同国家和社会的治理改革进程同样紧密相关。改革开放40多年来，尤其是中国特色社会主义进入新时代以来，整个国家和社会的现代化发展明显加速，国家治理现代化的方向日渐明朗。作为整个国家治理现代化大系统中的一个子系统，大学治理的变革方向无疑亦由此得以确定，即朝着大学治理体系和治理能力现代化的目标前进。尽管大学治理可分为外部治理和内部治理两个不尽相同的领域或空间，但大学治理的根本旨归无疑是：从大学作为现代社会"轴心机构"的地位和多元利益相关者组织的属性出发，通过现代社会多元共治机制的作用，在坚持党对高校的领导地位的前提下，使大学能协调好各利益相关方的价值、权责与利益，寻求各利益相关方的价值共识、权责平衡和利益整合，最终形成一种大学既能保持自身教育学术逻辑和重心，又能获得各相关力量的支持合力的共治格局，从而使大学既能有效地激发自身的教育学术生产力，又能有效地回应国家的需求和社会的期待。不言而喻，在国家治理体系和治理能力现代化的国家治理现代化框架中，我国大学治理的根本方向当然是走向治理的现代化，通过大学治理体系的优化和完善，实现大学治理能力的根本性提升。

第一节　完善大学治理体系，提升大学治理能力

党的十八届三中全会从实现社会主义现代化的高度首次明确提出"推进国家治理体系和治理能力现代化"的重大命题和战略部署，进一步拓展了我们认识、思考和推进大学治理现代化的理论和实践视野。在执政党的顶层设计和统一领导下，全面深化改革已成为国家和社会改革的主旋律，推进国家治理体系和治理能力现代化则被确定为改革事业的总目标之一。相应地，在国家治理现代化的大框架中，教育治理现代化无疑构成国家治理现代化的重要内容和领域，而大学治理的现代化则构成教育治理现代化的重要内容和目标。因此，深化教育领域综合改革，加快推进教育治理体系和治理能力现代化无疑会成为今后一段时间内我国教育领域改革和发展的行动议题与中心目标。在此背景下，深入探讨作为教育治理体系和治理能力重要组成部分的大学治理体系与治理能力论题，廓清大学治理体系与大学治理能力的内涵，厘清并把握好二者之间的关系，思考完善大学治理体系、提升大学治理能力的路径与策略，无疑具有重要的理论和实践价值。

一、大学治理体系：大学治理能力的制度文化载体与关键影响因素

较之西方国家相对成熟的大学治理理论与实践，我国的大学治理总体上还处于起步阶段，表现出"欠成熟化"的阶段特性和试验探索的发展态势。这种特征不仅反映在大学治理体系不够健全、大学治理能力不够突出、大学治理实践不太成熟等实践层面，而且体现于大学治理理论研究相对不足、理论建树较为有限等理论层面。譬如，尽管国内学界早已提出大学治理的概念，国家治理体系与治理能力、教育治理体系与治理能力等相关命题也已由官方正式提出，但作为这些概念之下位概念的

大学治理体系和大学治理能力，似乎迟迟未引起学界的重视，① 更遑论深入的思考和研究。有鉴于此，从完善中国大学治理体系、提升大学治理能力的现实课题出发，从理论上明晰大学治理体系与大学治理能力的概念内涵，廓清二者之间的内在关联，并据此检验有关我国大学治理体系和大学治理能力之因果关系的经验判断，无疑是对当前大学治理实践问题进行理论与实践反思的首要课题。

从系统论的观点来看，大学治理体系与治理能力，无疑是国家治理体系与治理能力，以及教育治理体系与治理能力的重要组成部分，前者与后两者之间是一种下上位概念的关系，因而在概念的内涵上有某些相通之处。据此，不妨由国家治理体系与治理能力等上位概念来推导大学治理体系与治理能力等下位概念的内涵。在国内学界，学者江必新较早界定了国家治理体系和治理能力的概念。在他看来，国家治理体系，是党领导人民管理国家的制度体系，包括经济、政治、文化、社会、生态文明和党的建设等各领域的体制、机制和法律法规安排，也就是一整套紧密相连、相互协调的国家制度。国家治理能力，是运用国家制度管理社会各方面事务的能力，包括改革发展稳定、内政外交国防、治党治国治军等各个方面的能力。② 以此类推，大学治理体系不妨界定为大学各利益相关方有效参与大学重大事务决策的制度体系，包括大学治理结构、大学治理过程和大学治理文化等多个层面的各种体制、机制和制度安排。若再深究大学治理体系的构成要素，似可将其分解为大学治理结构、大学治理过程和大学治理文化等三大核心层面：从治理结构来看，它强调的是各利益相关方有效参与大学重大事务的有关决策权的分配，自然就包含了"谁参与"（治理主体）、"参与什么"（权责划分）和"参与多少"（权力比重）等关键性问题，因而必然包含治理主体、治理边界和治理权分配等核心要素；从治理过程来看，核心问题在于"（治理主体）

---

① 至2014年本书作者发表大学治理体系主题文章时，学界探讨"大学治理体系"命题的成果尚不多见。

② 江必新. 推进国家治理体系和治理能力现代化[N]. 光明日报, 2013-11-15.

如何治理"，即治理过程强调的是治理的方式方法、手段与程序；从治理文化来看，其核心问题是"在什么样的文化背景下开展治理行动"，强调的是大学治理行动开展所依赖的文化背景或文化生态。概括起来，从构成要素看，大学治理体系至少应涵盖治理主体（包括个体与组织）、治理边界、治理权重、治理方式、治理手段、行动程序与相关文化生态等核心要素。至于治理能力，当然就是大学各利益相关者参与大学重大事务决策时所体现出来的一种整体性的能力，它既取决于大学治理体系这一关键载体和有形设施，又取决于大学治理中的"人"所具有的综合素养等无形因素，甚至还在相当程度上受外部的大学治理环境的影响。

　　以上对大学治理体系和大学治理能力的理论界定，已隐含着一个重要的理论问题：大学治理体系与大学治理能力之间究竟有何种内在关联？关于治理体系和治理能力之间的关联，学者江必新强调："国家治理体系和治理能力是一个有机整体，相辅相成，有了科学的国家治理体系才能孕育高水平的治理能力，不断提高国家治理能力才能充分发挥国家治理体系的效能。"①学者高小平则认为，治理体系现代化和治理能力现代化的关系是结构与功能的关系，硬件与软件的关系。前者具有质的规定性，是培养治理能力的前提和基础，当然，后者对前者也会产生积极或消极的影响。② 应当说，学界关于治理体系与治理能力两者相互关联的这些观点是相当中肯的。在此基础上，还可进一步推导：治理体系是治理能力的载体和依托，在相当程度上决定着治理能力；治理能力是治理体系科学性、有效性及其与治理环境互动效度的综合反映，对治理体系具有一定的反作用。整体上看，治理体系和治理能力是一种相互依存、互相作用的关系，是"表"与"里"的关系。在大学治理问题上，道理同样如此：完善大学治理体系，是提升大学治理能力的根本途径；提升大学治理能力，是完善大学治理体系的目的所在。当然，必须强调的

---

① 江必新.推进国家治理体系和治理能力现代化[N].光明日报，2013-11-15.
② 高小平.国家治理体系和治理能力现代化的实现路径[J].中国行政管理，2014(1)：9.

是，谈论大学治理体系和大学治理能力，还不应忽视与此相关联的大学治理环境这一变量，它既可影响大学治理体系的形态与演进，又会影响大学治理能力的形成与发挥。

根据以上理论分析，不妨再来结合我国大学治理的实际作进一步的经验性验证。联系到近年来我国大学饱受非议的高度行政化问题及其严重后果，我们似乎可以从理论上推导出我国大学治理体系与大学治理能力之间的某种因果性质的内在关联。简而言之，我国现行的大学治理模式，在治理主体、治理边界、治理方式和治理文化等诸多方面，明显呈现出以行政力量为主导、以行政手段为主体、以行政文化为依托等"行政化"特征。这种"行政主导、单中心化"的治理模式，同现代大学治理所倡导的共同治理理念以及治理概念本身所强调的"多元、平等、协商、共识"等核心原则显得不搭，无法实现大学治理所力求达成的大学各利益相关者之间的价值、责任、权力与利益平衡。换言之，高度行政化的大学治理模式，凸显出我国现行大学治理体系的体制性缺陷，亦从根本上制约了我国大学治理体系的自我完善及大学治理能力的持续提升。事实上，我国大学因高度行政化而产生的（教育与学术）绩效危机、（规范与文化）合法性危机、（组织自我革新）能力危机和（社会公众）信任危机，大体上都可视为现行大学治理体系不健全的某种结果和大学治理能力不足的集中体现。

二、泛行政化、单中心化：我国大学治理体系的制度性缺陷

自 20 世纪 90 年代以来，在全球大学治理变革潮流和国内学界深刻理论反思的综合作用下，大学治理逐步成为我国高等教育改革与发展的重要政策议题和研究论题。2010 年出台的《国家中长期教育改革和发展规划纲要（2010—2020 年）》直接触及"完善大学治理结构"等大学治理的核心问题，"十大教改任务"中的"建设现代大学制度"试点更是从大学改革实践的层面开启了相关的大学治理变革行动。但客观地看，迄今

为止，我国的大学治理实践恐怕仍处于起步阶段的"试验摸索期"，大学治理体系建构则处于刚刚提出概念的概念化阶段，距离确立成熟的大学治理体系以及大学治理实践还有不小的差距。

众所周知，作为西方治理思潮深刻影响现代社会运行的一个侧面和产物，大学治理是大学内外部各利益相关方参与大学重大事务决策的结构和过程，而大学治理体系则是保障实现这种大学各利益相关方参与大学重大事务决策的诸种体制、机制和制度安排的总和。恰如前述，它大致可分为大学治理结构、大学治理过程和大学治理文化等基本维度，涵盖大学治理主体、治理边界、治理权重、治理方式、治理手段、行动程序与相关治理文化等核心要素。借助这种对大学治理体系概念及其构成要素的理论学说，我们可以分析现行大学治理体系所存在的不足及其相应的影响。从大学治理体系的构成要素角度来看，现行以行政化为根本制度特征的大学治理体系，在治理主体方面是"行政一股独大、其他力量式微"，在大学外部治理层面很大程度上排斥了作为独立办学主体的大学(法人)以及本应适度介入大学事务的其他社会组织与市场力量，大学内部治理层面则排斥了学术力量(教师群体，或许还应包括学生)、普通行政职员、学生、校友、大学外部合作伙伴代表等其他显性或隐性利益相关方的有效、适度参与；在治理边界和治理权重上，则是行政力量强势介入(只要其有控制这些事务的意愿)，其他利益相关方只能在一定范围内、一定程度上参与(范围上、重要性程度上和权力配置上)十分有限的大学事务；治理方式上则是以行政控制为主，治理方式与手段以科层方式、行政手段为主，行动程序方面则主要遵循行政首长负责、自上而下的体制与程序，文化生态方面通常是以行政文化为主要依托。显然，高度行政化、单中心化，是我国大学治理模式或治理体系的总体特征，它不仅表现于大学治理结构、大学治理过程和大学治理文化等多个层面，而且直观地呈现出现行大学治理体系的制度性缺陷所在。

那么，这种存在明显缺陷的大学治理体系会对我国大学治理能力带来何种影响呢？这个问题不妨从我国大学治理的现状与实际效果中来寻找答案。毋庸讳言，目前我国大学治理的现状大体是：大学处于高度行政化的运行状态，大学内外部的行政力量在大学的决策、管理和实际运行中处于"一股独大"的地位，大学其他利益相关者（甚至是诸如大学内部学术力量等战略性的大学利益相关者）在大学决策与管理中的话语权相当微弱，实际参与效能乏善可陈。相应的结果则是：在外部治理层面，大学无法有效地行使本该拥有的办学自主权，并借此真正实现从"面向政府被动办学"到"面向社会自主办学"的实质性转向，政府亦无法真正实现从"划桨"到"掌舵"的角色转换和职能转型，社会力量也难以有效地介入大学的重大事务并发挥其对大学的沟通、监督、保障和鞭策功能，大学办学的整体质量、社会效益和对社会需求的有效回应度均深受公众质疑。在内部治理层面，大学的学术力量无法有效地掌控本应享有的学术决策权和校政参与权，实现对大学行政权力的有效制衡，维护和彰显大学的学术逻辑、学术本位和学术文化，促进大学教育与学术绩效的持续提升，使大学的绩效、文化与合法性遭遇深重的危机。一言以蔽之，我国大学现行行政控制型的大学治理模式既难以保证大学各利益相关者之间的价值、权力与利益平衡，无助于大学各利益相关方积极性、主动性和创造性的激发，亦无助于大学教育与学术绩效的提升、大学组织合法性的巩固、大学学术文化的张扬和大学教育学术使命的实现。可见，高度行政化的现行大学治理体系为制度性的"因"，亟待提升的大学治理能力是带有必然性的"果"，大学面临的一系列危机则是大学治理能力不强的直观性的"表"（具体表现和外在表征）。

客观评判和理性思考我国行政控制型的大学治理模式与治理体系，不得不承认一点：这种行政力量"单方独大"的大学治理模式，在我国现行的高等教育制度环境中固然有其存在的某种必然性甚至局部的合理性，但整体而言，它显然同现代大学的利益相关者组织的组织特性与教育学术性组织的组织本性存在着一定的冲突，也同现代治理理念所强调的多元主体、充分沟通、平等协商、价值共识、民主决策、正和博弈与善治目标等格格不入。更为致命的是，这种治理模式或许能从形式上保留多方主体的所谓参与，但其行政独大的治理结构、行政宰制的治理过程和行政至上的组织文化事实上严重挤压了其他各利益相关方对大学重大事务本应享有的实质性话语权与决策参与权，使得大学作为典型利益相关者组织必须保持的各利益相关方之间的价值共识、权力制衡和利益平衡无从确立和维持，从根本上瓦解了本该"体系化建构"的大学治理体系，自然也就从根本上削弱和抑制了我国的大学治理能力及建基于此的大学组织活力与创新能力。由此推论，从我国大学治理的实际出发，要切实提升大学治理能力，促进大学治理能力的现代化，就必须以破除大学的行政化为切入点，建立和健全科学的大学治理体系。

三、策略建构：着眼于大学治理能力提升的大学治理体系优化举措构想

要实现大学治理能力现代化的终极目标，就应走"体系建构"的路子，在改良大学治理环境的同时，着力完善大学治理体系。结合我国大学治理环境和治理体系的实际，着眼于我国大学治理能力持续提升和现代化的目标，现提出以下构想以供参考。

(一)重塑大学与政府、社会、市场之间的关系格局，建立大学内部权力共生制衡机制，促进大学内外部治理环境的持续改良。

大学治理环境是影响大学治理体系建构及运行的各种主、客观因素的总和，它对大学治理体系的建设与完善具有突出的诱导作用，对大学治理能力亦有间接影响。就治理环境而言，我国大学在外部的主要问题在于政府的行政权力过大、行政职能过泛，政府与大学之间的关系失衡，大学面向政府(而非社会)办学的体制惯性仍然存在，同时社会参与大学事务的空间、渠道和效能极其有限，市场对大学的渗透不甚规范，导致大学在多重外部力量的交织影响下容易滋生失范行为；在大学内部则是行政权力过强、学术权力过弱、学生权力虚无，内部权力结构失衡，呈现出高度行政化的组织生态。但究其核心，仍在于权力高度集中的行政体制及作为其延伸的大学领导管理体制。

　　有鉴于此，在改良大学外部治理环境方面，从政府行政管理的"元认知"出发，以政府行政职能和大学社会职能的科学定位为抓手，借助类似"大学组织与运行条例""高等教育机构管理规程"等行政法规或规章的出台与实施，通过政府"简政放权"型的职能转变、大学"扩权自主"式的组织调适来减少政府对大学事务的各种干预，强化政府对大学办学的必要监管，重建平等合作的政学关系，并结合大学内部治理结构的完善等配套性改革措施，督促大学建立起自主、自律、自为的制度体系和组织人格；同时充分利用市场经济快速发展的有利条件，通过大学理事会、大学校长联合公选、校友联谊会等新型领导管理体制机制的创新，以及高教中介组织的扶持、培育与激活机制，来拓展社会力量对大学的合理介入和适度影响，督促大学关注社会公共利益、回应社会合理需求；借助大学的协同育人、协同创新等协同办学行为的创新，基于权利义务的对等原则和相关法律法规的规范约束来鼓励市场力量向大学的合理渗透，以强化大学办学的市场导向、竞争格局和质量效益意识；在改良大学内部治理环境方面，则有必要通过有关规约大学领导层选拔、任用与监管，以及大学内部学术治理体系建设等方面的教育规章、大学章程与相关规章制度的规范作用，来矫正行政力量过强、学术力量过弱的大学内部权力结构，张扬行政服务、学术本位、学生中心的大学组织文化，为大学治理体系的重塑乃至大学治理能力的提升创造有利的治理环境条件。

　　有必要强调的是，在此过程中，政府高教职能的转变无疑是"重中之重"，但其顺利实现恐怕还牵涉紧密相连的两点：一是政府应从"元认知"层面思考大学的职能定位，即国家和社会（不仅仅是政府）究竟期望大学发挥什么样的作用？二是政府应切实从高等教育的自身规律及其之于国家与社会的长远功效方面来思考和推动大学积极而有效的自治，以及政府"良性而有限"的干预。与此同时，在改革的过程中，还有必要克服政府改革固有的"路径依赖"，即除政府有意识地自我推进行政职能转换外，还应充分借助中国市民社会和市场经济的快速发展，在政府积极改革的同时，引导社会力量对大学施加积极影响，引导市场力量合理地向大学渗透，督促大学面对外部需求与影响理性选择，引导政府、社会、市场和大学四方协同改进、有效联动，积极发挥正能量，通过共同努力来促进中国大学外部治理环境的渐进变化和持续改良。

（二）通过政府行政管理和大学组织管理两个层面的法规或规制建设来确立大学内外部治理结构的基本框架，并借助学界的理论智慧和试点改革单位的实践智慧来推动大学治理结构的不断完善。

治理是在多元化社会变化中重建力量平衡的一种重要的社会机制，其实质是在相关各方之间建立起价值平衡、利益平衡和权力平衡。[①] 大学治理所面对和需要回应的力量平衡则至少包括三组：大学与政府、市场、社会的利益关系，学术与政治、经济、法律的价值关系，以及大学内部各种力量（特别是行政系统与学术系统）的权力关系。[②] 这些平衡得以实现的关键即在于拥有帮助大学适应现代社会复杂环境、引导并推进大学治理发展水平的"超组织结构"运行机制，[③] 即大学治理结构。换言之，大学治理结构在其本质上是指体现大学"非单一化组织"属性和委托代理关系特点的决策权结构，旨在满足具备独立法人地位的大学在面向社会和市场自主办学的过程中应对"冲突和多元利益"的治理需要。[④] 我国大学治理结构的完善方向，就外部治理结构讲就是"大学自主办学、政府宏观调控、市场有效调节、社会积极参与"，[⑤] 就内部治理结构讲则是"社会参与、党委领导、校长负责、教授治学并

---

① 龚怡祖. 大学治理结构：建立大学变化中的力量平衡[J]. 高等教育研究，2010(12)：51-54.

② 龚怡祖. 大学治理结构：建立大学变化中的力量平衡[J]. 高等教育研究，2010(12)：51-54.

③ 龚怡祖. 大学治理结构：建立大学变化中的力量平衡[J]. 高等教育研究，2010(12)：51-54.

④ 龚怡祖. 大学治理结构：现代大学制度的基石[J]. 教育研究，2009(6)：23.

⑤ 田爱丽. 现代大学法人制度研究：日本国立大学法人化改革的实践和启示[M]. 上海教育出版社，2009：1.

参与决策"。①

　　问题在于，这种理想状态的大学治理结构该通过何种路径建立起来？考虑到我国大学的"后发外生性"特征，笔者以为，似有必要采取政府推动和大学试验相结合、自上而下和自下而上相结合的方式。即一方面，政府应通过出台相关的法律、法规和规章来规范政府的行政管理职能、大学的组织与运行、社会与市场对大学的合理介入与限度，界定大学外部治理结构的基本框架，通过诸如"大学组织条例"、大学章程、"高校学术委员会规程"等相关的行政规章和大学制度来合理设定大学内部治理结构的基本框架；另一方面，允许和鼓励大学在自主探索和改革试验中，于政府相关法规、规章的指导下，在大学内外部治理结构的基本框架内摸索适合本校实际情况的具体制度安排。这种政府推动和大学试验相结合的实施路径的优势在于：它可以兼顾大学治理结构改革和重建过程中的规范性与适应性，既能保证政府指导、大学摸索出的治理结构符合政府所要求的价值准则与技术规范，又能保证其符合不同大学个体的特殊情况与实际需求。当然，在我国大学治理结构的完善过程中，同样应当鼓励多方共治的改革理念和实践路径，即不仅政府和大学要共同努力，社会相关方也应被鼓励和允许介入进来，献计献策，贡献智慧。在大学内部治理结构的完善过程中，不仅大学的领导管理层应大胆探索，大学的学术群体更应主动参与，甚至职员、学生、校友等其他利益相关方亦应积极参与进来，表达自身的合理诉求与中肯意见，以期在群策群力、充分沟通、平等协商的基础上达成价值、理念、技术和操作等多个层面的共识，并以此为基础推进大学治理结构的变革和落实。此外，还应从大学制度文明的高度来看待大学治理结构的改革，积极参考借鉴国外大学相对成熟、成功的大学治理结构，广泛吸纳学界相关的理论研究成果与科学的意见、建议，密切关注和适时固化国内"教改"试点在其改革试验中摸索出来的制度成果与实践经验，以期最大限度地

---

　　① 龚怡祖. 大学治理结构：建立大学变化中的力量平衡[J]. 高等教育研究，2010(12)：51-54.

吸纳各方智慧、汇集各方能量，促进大学治理结构的变革与完善，进而助益于我国大学治理体系的重塑和大学治理能力的现代化。

(三)依托大学治理结构的有效运作，借助利益驱动和文化整合等统整机制，从灌输大学治理理念、更新治理方式与手段、整合大学治理过程要素等方面来推进大学治理过程的持续优化。

大学治理结构尽管可以被视为一种超组织机构的运行机制，但其本质仍是一种大学决策权的制度性安排，因而仍存在如何在实践层面有效落实和实现的问题，这就涉及大学治理过程。治理的基本特征之一就在于"(它)不是一套规则，不是一种活动，而是一个过程"。[1] 较之相对静态的大学治理结构设计，动态化、实践化的大学治理过程更为复杂，而且直接决定着大学治理的实际效能，影响着大学治理目标的实现。我国大学长期习惯于行政化的运作，要以现代治理的理念来改革其组织运行态势，其操作难度可想而知。有鉴于此，要切实推动我国大学治理过程的优化，就极有必要从大学组织内外部灌输治理理念、更新传统的大学治理方式与手段、应用和整合必要的大学治理过程要素以及培育浓厚的大学治理文化等方面入手。

首先，观念是行为的先导，在大学组织内外部灌输现代治理理念无疑是优化大学治理过程的基础性条件。大学作为公共组织，大学治理作为社会公共治理的重要组成部分，自然亦应强调政府与民间、公共部门与私人部门之间的合作与互动。[2] 这意味着，在大学重大事务的决策和处置过程中，要切实打破传统的"行政单中心决策"模式，确保各利益相关方的话语权和决策参与权(尽管其各自的话语权和决策参与权在性质、程度、范围上并非等量齐观)。上至政府主管部门，中至大学领导与管理层，下至普通教师与学生，都应有这种现代社会治理的意识、思维和观念。

其次，在我国大学"从行政管理到多元治理"的变革过程中，还应

---

[1]　全球治理委员会. 我们的全球伙伴关系[M]. 牛津大学出版社，1995：2-3.
[2]　俞可平. 治理与善治[M]. 社会科学文献出版社，2000：86-96.

从制度上保证治理方式与手段的更新。治理作为使相互冲突的或不同的利益得以调和并且采取联合行动的持续的过程，① 它强调的是各方在交流沟通、平等协商、谈判妥协、达成共识的基础上形成决策，决策经合法程序"合法化"后方能采取管理行动。它采取的手段既包括有权迫使人们服从的正式制度和规则，也包括各种人们同意或认为符合其利益的非正式的制度安排。② 就基本方式而言，持续的互动是治理过程的显著特征，大学治理过程同样如此。

再次，鉴于治理"不是一种正式的制度，而是持续的互动"，③ 要保证大学治理过程的科学化，就必须切实保证大学各利益相关方围绕决策议题的持续互动能有效展开，这样就涉及大学治理过程推进中的关键性要素。无疑，大学治理过程的核心要素亦在于充分沟通、平等协商、集体谈判、有效妥协、达成共识、相互理解和共同行动。可见，大学治理过程的展开，既可能会借助会议、谈判等正式形式的决策平台，又可以利用非正式的交流、沟通和基于互信的妥协、基于理解的共识等非正式的互动形式。

最后，作为持续互动的治理过程，其体现的是一种以对话、协商、谈判、妥协、认同、互信、共同行动等为核心内容的治理文化，治理过程中各方利益诉求的整合，更多是借助治理文化的整合机制。这表明，大学治理过程的推展，离不开大学治理文化的影响和支持。所以，培育和张扬大学治理文化，亦是优化大学治理过程的核心举措。

（四）从观念层、制度层和行为层同步推进大学治理文化的建设，并以此为基础积极尝试文化治理，夯实大学治理文化和文化治理的根基，强化大学治理的文化驱动力。

文化通常不仅是环境的构成内容，而且具有治理的功能，所以在以

---

① 全球治理委员会. 我们的全球伙伴关系[M]. 牛津大学出版社，1995：2-3.
② 俞可平. 治理和善治：一种新的政治分析框架[J]. 南京社会科学，2001（9）：41.
③ 全球治理委员会. 我们的全球伙伴关系[M]. 牛津大学出版社，1995：2-3.

上的论述中，治理文化一直处于某种或隐或显的状态：大学治理环境理所当然包含文化方面的因素，大学治理结构亦蕴含着相应的价值取向与治理理念，大学治理过程更离不开治理文化的整合作用，甚至文化本身就构成一种特定的治理形态——文化治理（或曰"软治理"）。鉴于大学治理文化之于大学治理体系与大学治理能力的重要影响，有必要将其相对分离出来，单独论述其建设策略。

套用公司治理文化的概念，我们亦不妨将大学治理文化界定为大学举办方、管理方、外部合作伙伴、领导者、管理人员、教师、职员、学生、校友等大学利益相关者及其代表，在参与大学治理过程中逐步形成的有关大学治理的理念、目标、哲学、伦理道德、行为规范、制度安排及其治理实践。其构成要素亦可分为观念层的治理文化、制度层的治理文化和行为层的治理文化。相应地，建设大学治理文化亦有必要从观念、制度和行为三大层面来推进。

首先，要在观念层面向所有的大学利益相关者宣传和灌输以大学多元共治理念为核心的大学治理文化，使其理解大学治理文化是内在契合于大学组织特性（典型的利益相关者组织，典型的公共性、公益性社会组织和典型的自组织型组织）的文化形态，以及大学治理文化对于保障大学治理实践的特殊价值。

其次，要着力从制度层面（包括正式制度和非正式制度）推进大学治理文化的扩展，即要从大学治理理念与文化的高度来审视、反思、修正和建构涉及大学组织与运行的相关制度，使这些制度在修正和完善后能切实符合大学治理文化的要义、精神与旨归，并通过制度的规范与支持作用来促进大学治理文化的张扬。

再次，应高度重视大学成员行为层面的大学治理文化。大学治理文化的根本作用在于规范和约束大学组织成员的行为，使其符合大学治理文化的精神，这种社会结构意义上的大学治理文化，方才是最有生命力和实质意义的大学治理文化。

最后，鉴于建设大学治理文化是为有效推动大学的治理，因此在大学治理文化建设的同时，还应大力推进大学文化治理。所谓大学文化治理，就是以大学治理文化为路径和手段的特定大学治理形态，即"基于大学治理文化的大学治理"，它通常被归结为"软治理"，但其实际效能并不一定比基于正式制度或结构的"硬治理"差，因为大学本质上就是一个文化性组织，更适合于基于文化整合作用的"软治理"——文化治理。

第二节　走向多元主体共治，推动大学治理转型

大学治理是对大学运行的顶层设计，规定着大学的基本架构，对大学的运行和发展具有战略导向作用。[1] 大学系统的改革和发展，自然无法忽视根本性的大学治理变革。观察和反思中国大学的治理实践，行政主导化的治理结构和治理过程较为突出，这既背离了现代大学的利益相关者组织属性及其内在激励机理，亦无助于大学同外部环境的良性互动与能量交换，以及大学办学绩效和社会效益的提升。从现代大学的组织特性及运行规律出发，参考国外大学治理实践的通行做法及经验，中国大学的治理变革似应以从行政主导走向多元共治为转型路向，努力实现大学治理所应寻求的价值、权力、利益和责任平衡，克服行政主导型治理形态的现实与潜在风险，推动大学治理体系和治理能力的现代化。在实践层面，推进中国大学的治理转型，有必要努力改良中国大学多元共治的制度环境条件，重塑大学与政府及社会的互动关系，激活大学内外部治理的多元主体能量，通过体制机制创新优化大学的治理结构、治理过程与治理文化，以"体系优化"的路径实现大学的治理转型及治理能力的提升。

一、价值失范与权责、利益失衡：大学行政化的治理效应

受行政主导的制度环境的形塑，我国大学在组织特性及运行态势上

---

[1]　李福华. 大学治理与大学管理[M]. 人民出版社，2012：5.

呈现出明显的行政化倾向，在大学内外部分别表现为"大学本身行政权力对学术权力的凌驾与挤压"和"政府部门行政权力对大学办学自主权的剥夺与干预"，① 干扰了大学组织、治理和运行的内在逻辑与应然走向。故大学的行政化，不仅存在于大学管理层面，更存在于大学治理层面，因而对大学的运行、绩效乃至合法性都构成严重威胁。若再从全球范围内的大学治理实践及其发展趋势来看，这种行政主导的大学治理形态同现代大学之多元共治的主流治理形态与基本发展趋势更是格格不入。可见，无论是就大学治理的内在逻辑、规律与价值而言，还是从全球大学治理的通例、样态与趋势来看，我国行政化的大学治理都应寻求相应的变革和转型。

(一)我国大学治理的基本样态：行政主导型

从大学治理的角度来观察和反思我国高度行政化运行的大学系统，便不难发现：虽然大学的筹资结构日益多元化，政府对大学的干预有所缓解，大学的所有权与管理权也渐趋分化，中国大学已呈现出向共同治理变迁的迹象，如大学外部社会和市场力量参与大学的势头明显，大学的办学自主权趋于落实和巩固，大学内部学术权力有所抬升，但现阶段行政主导仍为中国大学治理的基本形态。在大学内部，尽管目前大学已普遍在建设学术权力系统，但因学术权力所治之"学"的界定过于狭窄，其参与学校重大事务的决策权相当有限，大学内部仍然处于行政力量绝对主导的权力结构与治理结构之中，不仅学术生产者对大学重大决策的参与有限，而且学生的治理参与权无法获得制度化的表达。同行政主导型的治理结构相呼应，我国大学在治理过程和治理文化方面，亦呈现出突出的行政支配和行政管治趋向。如有学者在研究我国高校决策的问题后指出，我国高校在决策过程中，决策权、执行权和监督权集于一身，议行合一，权力高度集中(尤其是集中于学校党委常委会、校长办公会

① 卢荻秋. "民选校长"是大学去行政化的突破口[N]. 中国青年报, 2010-03-16.

等党政决策中枢）；决策系统中行政权力和学术权力关系失衡，颠倒了学术与行政之间的目的—手段关系；决策权力处于非制度化的运行状态，缺乏程序意识和制约观念。① 高校决策的现实图景，实际上直观地呈现出我国大学治理行政化的特质。

（二）大学治理的时代背景与基本趋势：大学多元共治的兴起

大学作为人类历史上出现的具有较多普世性和共通性的社会组织，其治理虽无"放之四海而皆准"的普适性模式可搬套，但却有内在的价值标准与共性规则需要遵循。故思考和规划中国大学的治理改革与转型，似有必要观察和总结世界范围内大学治理实践的演进及趋势。20世纪 80 年代以来，西方国家的新公共管理运动直接促发了新一轮的治理思潮和社会治理变革。作为对社会公共事务管理领域传统的政府管治模式的突破和超越，治理更加强调公共事务管理中主体的多元化及其间的平等对话、民主协商、伙伴关系和互动合作，故较之传统的统治更加强调主体的多元化和对权力的分享，因而内在地蕴含有多元主体共同治理的意涵。大学治理即大学内外部各利益相关者参与大学重要事务决策的结构和过程，它关注的是政府与大学之间在与大学相关事务的决策层面的民主协商，② 以期在国家、社会和大学之间建立平等协商的参与式治理结构。③ 在西方国家的大学治理中，政府、大学管理人员、大学教师、学生、校友、校外捐助者、社区人士等，都可以以大学利益相关者的身份参与大学重要事务的决策，如大学的资源配置、财政预算、人事决策与专业设置等。④ 这些不同身份和性质的大学利益相关者共同参与大学重大事务的决策，一方面体现、维护和实现了诸利益相关方各自的

---

① 刘献君. 高等学校决策的特点、问题与改进[J]. 高等教育研究，2014(6)：20-22.

② 荀渊. 治理的缘起与大学治理的历史逻辑[J]. 全球教育展望，2014(5)：97-104.

③ 荀渊. 治理的缘起与大学治理的历史逻辑[J]. 全球教育展望，2014(5)：97-104.

④ 李福华. 大学治理与大学管理[M]. 人民出版社，2012：50.

价值与利益诉求，各利益相关方由此获得制度化的激励；另一方面也有效维护了大学的公共性，化解了其自治与受控、自由与责任、行政与学术以及集权与分权等内在冲突，使大学内部各种力量（尤其是行政力量和学术力量）的价值、权责与利益关系，及大学与政府、市场和社会之间的价值、利益关系得以维持平衡，其大学所承载的教育、学术与社会的政治、经济、法律之间的价值关系保持平衡。① 西方大学多元共治的实践表明：通过大学共同治理机制这一微妙的"平衡器"，以大学为中心的多重价值、权力、利益和责任关系得以维持平衡。在此基础上，大学的组织使命与多重职能、目标得以实现，其组织合法性与教育学术绩效亦得以发挥。在全球范围内，大学多元共治日渐发展成为现代大学治理的主流形态，构成大学治理的基本发展趋势，其内在逻辑即在于此。

综上所论，破解中国大学治理的行政化，寻求中国大学治理的改革与转型，已是大势所趋。而其转型方向，无疑是于内契合大学治理的逻辑与规律，于外融入大学共治的潮流与趋势，走向多元主体的共治。

二、维系价值、权责与利益平衡：大学多元共治的治理优势

大学为何要走向多元主体共同治理？归根结底，是由大学价值、属性、使命、职能与目标的复杂性与多元性决定的。现代大学已由早期相对封闭的"象牙塔"发展为日益走近社会中心的"服务站"，从初期的"学术共同体"演变为"学术—行政共同体"。② 不仅如此，"现代大学是一种多元的机构——在若干种意义上的多元：它有若干个目标，不是一个；它有若干个权力中心，不是一个；它为若干种顾客服务，不是一种；它不崇拜上帝；它不是单一的、统一的社群；它标志着许多真、

---

① 龚怡祖. 大学治理结构：建立大学变化中的力量平衡[J]. 高等教育研究，2010(12)：51.

② 冯向东. 大学学术权力的实践逻辑[J]. 高等教育研究，2010(4)：30.

善、美的幻想以及许多通向这些幻想的道路；它标志着权力的冲突，标志着为多种市场服务和关心大众"。① 这是克拉克·克尔对现代巨型大学的形象描绘，也深刻地反映了现代大学本身的复杂性与多元性，包括服务对象、成员构成、组织目标、权力中心、价值取向甚至组织使命与愿景的多元化。外部利益相关者众多、组织内部又高度分化的大学如何以统一的步调前行，如何协调和平衡好来源于内外部诸利益相关方各种不同的价值、权力、利益诉求与责任定位，无疑需要借助一种能契合大学多元利益相关者属性并能内在地有效激励多元利益相关者的运行机制来实现。这种机制是什么？恐怕首先当为大学的多元共治机制，因为大学多元共治机制具有建立和维持大学价值、权责与利益平衡的治理功能与独特优势。

(一)大学多元共治有助于实现多元价值平衡

西方国家的大学共同治理实践业已证明，作为一种利益相关者共同参与大学重要事务决策和相互制衡的机制,② 大学的共同治理借助于多元治理主体形成的混合型治理结构(其实质是决策权安排)、多方沟通互动的治理过程、强调民主协商的治理文化和正和博弈的内在机理，能够较好地促成各利益相关方合理价值、利益诉求的充分表达、有效整合和最终实现，并借此形成大学内外部动态的、微妙的价值与利益平衡。现代大学已日渐走近社会的中心，成为社会的"轴心机构"，其公共性空前突出。正因如此，大学也日益成为社会各方密切关注、努力介入、积极影响甚至激烈争夺的对象。从大学运行的制度环境来看，政府、社会和市场是大学所置身的复杂场域中的三种关键力量，它们对大学有着不尽相同的价值期待和利益诉求，大学自身亦有教育和学术为本的价值和利益。如此，大学的办学如何定位，资源如何分配，政策如何制定，

---

① 克拉克·克尔. 大学的功用[M]. 陈学飞，等，译. 江西教育出版社，1993：96.

② 李福华. 大学治理的理论基础与组织架构[M]. 教育科学出版社，2008：88.

走向如何确定，无疑需要上述包括大学自身在内的各方力量（具体体现为来自社会各方面、身份与诉求高度多元化的大学诸种利益相关者及其代表）来共同决定。对此，在高等教育场域内，社会组织、市场力量和大学自身都能通过特定的渠道积极影响政府有关大学的公共政策，社会组织和市场力量甚至还能通过公共管理社会化的体制变迁行使社会教育行政权，来影响有关大学的重要政策，这无疑可视为宏观层面的大学多元共治架构。在微观的大学层面，西方的大学通常通过成员背景及价值诉求多元化的董事会或理事会来充当大学的最高领导机构，借助多种正式或非正式的交流沟通渠道来实现决策高层的内部磋商，最后在正式的会议上进行表决，形成具有共识基础的最终决议。通过这样的决策过程与决策机制，大学的多元利益相关者均可派出代表参与决策过程，参加者都有机会充分表达自身的价值诉求，与会者通过讨论或辩论来廓清决策议题、凝聚价值共识，最后通过投票表决机制形成决议。可见，以大学重大事务决策为聚焦点的大学共同治理，在治理结构上包容了各利益相关方的决策参与权，在治理过程中彰显了大学重大事务决策的开放化和民主化，在制度安排上又较好地融合了"各方参与"和"首责优先"（即各利益相关方在大学重大事务决策中都负有责任，但对所决议事项负有首要责任的主体具有优先发言权和对事务的更大决定权）的基本原则，体现了正和博弈的决策性质和过程特点，亦保障了最终决策的价值均衡状态。可见，多方参与、平等协商、良性互动、正和博弈、首责优先的共同治理型大学决策机制，能够有效保障各利益相关方的价值表达，实现博弈基础上的价值整合，进而在决策层面实现大学多元价值的平衡。

（二）大学多元共治有利于维系诸多权力平衡

大学的多元共治，不仅是一种大学重要事务的民主决策机制，而且是一种大学核心权力的分享机制，有助于实现大学内外部权力的微妙平衡。在高等教育行政管理的宏观层面，政府及其教育行政主管部门拥有法定的教育行政权，社会（如专业性高教中介组织、大学校友与学生家长群体等）和市场（如大学资产的捐赠者、大学产学研合作的合作者、大学"产品"使用者的用人单位等)拥有对大学的社会教育行政权，以及对大学的行业管理权与评价权，大学则拥有独立办学的自治权，这无疑是一种相对分权的格局。在大学层面，大学多元共治的治理结构，通过决策权的分享保障了各利益相关方(尤其是政府、校内资深教育学术人员等战略性利益相关方及其代表)的实质性顶层参与(决策)权，而且通过良性互动、正和博弈的治理过程及开放多元、民主协商的治理文化，赋予了各利益相关方对大学重大决策的知情权、监督权和话语权。西方大学中通常存在基于法律权威的董事会和行政体系，以及基于专业权威的教师体系，大学治理的要义就在于实现这两个体系之间的微妙平衡，故必须实现二者之间的合理分权，其遵循的逻辑则是"学术的归学术，同时学术还要参与管理"。①

(三)大学多元共治有益于促进各方责任与利益的平衡

大学共同治理机制不仅有助于实现大学多元利益相关者的价值与权力平衡，而且还有利于实现其责任和利益的平衡。责任和权力具有对立统一的关系，利益和权力也存在着紧密的连带关系。在大学多元共治的制度安排下，除价值与权力平衡外，责任和权力相平衡、利益和权力相关联亦是大学共同治理的题中之义。仍以大学的决策为例，大学多元共治的决策权结构，赋予了各利益相关方代表在大学重大事务决策中的参与权，但并非意味着其实质性决策权是等量齐观的，而是要遵循"首责优先"的原则，即大学各组成群体在决策中的地位有所不同，谁对具体事务负有首要责任，谁就最有发言权。② 当然，在对决策过程中的各方意见及投票表决结果详细记录在案及拥有完备的决策问责机制的制度条件下，所有决策参与者都须对大学重大事务决策的科学性及执行效果承担相应的决策责任，决策权力大的决策主体承担的决策责任相应地就

---

① 李福华. 大学治理的理论基础与组织架构[M]. 教育科学出版社，2008：4.

② AAUP. Statement on Government of Colleges and Universities 1966 [EB/OL]. [2007-10-10].http://www.AAUP.org/ AAUP/pubsres/policydocs/governancestatement.htm.

大。譬如，在学校发展战略与规划、财务预算制定及校长遴选、任用与考核等事务的决策方面，美国大学董事会就负有首要责任；在诸如财务运作、行政人事决策、校园设施与秩序维护等校内常规行政事务管理方面，校长负有首要责任；在涉及课程、教学、学术评价、教师职务晋升等学术事务的决策和处理中，学术评议会则通常负有重大责任。在制度安排完备的条件下，责任和权力是对等的，这是组织运行和有效治理的基本原则。另外，鉴于权力和利益的密切连带关系，围绕着大学治理的多重分权格局与相对均权状态，也就意味着各利益相关者之间的利益相对均衡。当然，这需要相关的制度安排予以保障。例如，美国大学的董事会大权在握，享有大学重要事务的决策权。为防止董事会成员借决策权摄取不当利益，美国大学通常采取决策权与执行权分离的权力运行机制和"外行董事会"的制度安排来规避风险，前者意味着董事会一般不干预大学常规管理事务的处置，后者意味着董事会成员大多为校外成员，且不从大学领取职务报酬。这些利益规避机制的设计，从一个侧面印证了权力均衡格局下的利益均衡结果。

大学既是人类不可或缺的教育学术机构，又是现代社会的"轴心机构"；既承担着追求真理、探求新知的终极使命，又承载着服务社会、传承文化的社会责任。大学的多重属性、使命、职能与目标，决定了其在价值定位上的复杂性。正是借助于共同治理的机制，大学的诸利益相关方(包括大学自身)方能在正和博弈、价值整合的基础上实现大学的价值平衡。大学的价值定位一旦确定，通常应有与其相耦合的大学理念和制度设计来保障。正如有学者所言："大学里，是价值决定理念，理念决定制度。"①按类似的逻辑，制度则决定权力与责任(配置)，而权力、责任则决定利益(分配)。故大学一旦确立了特定价值定位和相应的组织制度安排，也就确定了特定的权力配置、利益结构和责任关系。从这个意义上讲，大学治理通常被视为对大学运行的"顶层设计"，恰

①　龚怡祖.大学治理结构：真实命题与中国语境[J].公共管理学报，2008(4)：70.

恰是因为它具有从源头处平衡大学良性运行所需的价值、权责与利益平衡的内在机能与独特优势。同样，也正因为如此，大学共同治理日渐成为大学治理的主流形态。这不仅是世界范围内大学治理的发展趋势，亦应成为中国大学治理转型的根本方向。

三、大学治理由行政主导迈向多元共治的变革路径

在大学共同治理已成为大学治理基本形态和发展趋势的时代背景下，中国大学系统的体制改革，无疑首先应重视大学治理层面的多方力量关系。从现阶段政府不断减少对大学的行政管控、倡导落实"管办评"分离的机制、引导大学建立学术委员会以完善大学内部治理结构等政策行动来看，从行政主导走向共同治理，在完善大学治理结构的基础上，实现大学治理形态、治理体系和治理能力的现代化，已构成中国大学治理变革的主旋律。在此政策语境下，中国大学治理从行政主导向多元共治的转型，似有必要从以下几个方面着手、发力。

（一）改良大学外部制度环境，构建政府、社会与市场相对均衡影响大学的格局

中国大学走向共同治理的治理转型，自然必须正视大学治理之外部制度生态的改良。在此问题上，有必要参照国家让市场在资源配置中发挥基础性作用的经济改革思路，引导社会和市场力量积极参与、适度介入大学系统，改观大学系统对政府公共资源的依赖程度，逐步建立起富有竞争力的高等教育生态。我国大学治理和运行的实践表明，当大学在资源供给上高度依赖于政府的条件下，破解行政化的大学外部治理结构将相当困难。有鉴于此，不妨充分利用政府拨付的财政性经费在大学运行经费中占比逐步下降的契机，改变政府对大学的资源配置方式，积极引入专业机构，由其在科学评估高校办学绩效的基础上，按绩效对高校进行常规办学经费的拨付；类似博士硕士点、重点学科等教育学术资源的配置，亦按类似思路，在科学评估高校办学质量、实力与绩效的基础

上，由第三方的专业机构按相关标准和程度科学配置，并以定期评估的结果进行动态调整，逐步建立起竞争性的公共教育资源配置体制与机制。同时，通过政策引导社会资源进入大学，引导市场力量向大学适度渗透，调整传统的高校教师编制政策和生源分批录取及调剂政策，逐步形成面向大学系统的公共资源市场(包括民间资源市场)、师资市场和生源市场，借助市场机制来强化高校的校际竞争和劣者淘汰格局，使高校的外部制度环境实现由行政化向市场化的转向，从根本上改变易催生行政化治理形态的大学治理生态(即大学治理的外部制度环境)。根据资源依赖导致制度同形的组织新制度理论，高校外部制度环境从行政化向市场化的转变，将会迫使高校基于自身利益的考量转而努力适应新的以市场化为基本特征的办学制度环境与大学治理生态，适应新的环境中的平等竞争、适者生存的制度性压力，并重构与政府、社会和市场之间的关系，进而重塑大学外部治理结构。

(二)以法治途径重塑政府与大学的互动关系，推进大学的法人化进程

从我国现实的高等教育生态来看，大学和政府之间的关系构成了大学外部治理结构的核心内容。为此，有必要通过法治的方式来重塑大学和政府之间的关系。具体构想是，在充分总结目前政府减少对大学行政审批改革经验的基础上，出台以《中华人民共和国高等教育法》(以下简称《高等教育法》)为上位法、以各高校之大学章程为下位法的《高教行政规程》和《大学组织规程》，以"权力清单"的方式和契约管理的理念来明确政府对大学实施宏观管理的权限、范围、内容、途径、程序和方式，达成促进政府行政职能转变、规范政府行政管理行为、推进大学的法人化进程、保障大学自主办学权的目的和目标。这样，一方面通过法治的方式明确政府对大学的行政权力边界及权力行使方式，促进政府职能的转变和大学法人化的制度变迁；另一方面通过公共教育资源配置体制与机制的变革来推动高校生态由行政化向市场化转向(这意味着高校在资源层面必须依靠公平竞争的方式"市场化"地获取，而非主要依靠政府财政资金的行政划拨），以推动政府在大学外部治理结构和格局中从传统的"绝对主导地位"上"退场"，促进大学和政府之间以契约管理为基础建立起真正的平等合作伙伴关系，同时促成社会和市场力量对大学适度介入，并成为大学外部治理结构中的重要治理主体，从根本上优化大学共同治理的外部治理结构。

（三）通过体制机制的创新来激活大学内外部多元治理主体的治理能量

现代大学已是典型的多元利益相关者组织，与其利益紧密相连的诸方利益相关者或其代表，无疑都是潜在的大学治理主体。在大学治理机制健全完备时，这些潜在治理主体就会构成大学治理的现实治理主体，助益于大学的多元共治，实现大学的价值与利益平衡。囿于行政化大学治理机制的内在缺陷，除事实上处于绝对强势地位的政府及其教育主管部门以及大学党政领导者之外的其他大学治理主体，如为大学提供专业服务与支持的专业中介机构，与大学存在市场交易行为的市场主体，同大学存在密切互动的周边社区，对大学提供捐助的社会资助方，以社会和市场力量利益代表身份进入大学核心领导圈层的其他大学领导者，大学内部的教职员工群体与学生群体，学生家长及大学校友等其他大学"当然"治理主体，都无法借助大学共同治理机制实质性地参与大学的治理过程，行使自身本应享有的话语权和决策参与权，表达和实现自身的价值与权益诉求。故此，需要通过相关体制机制的创新来激活大学内外部的多元利益相关者，赋予其参与大学治理的权能，调动其参与大学治理的能量。在大学外部，需要以法治的方式明确、限制和规范政府的行政职能，通过建立健全大学法人产权制度和激励约束机制来推进大学的法人化进程，通过政策引导社会中介组织积极介入大学，引导市场资源顺畅进入大学，同时通过缔约方式来规范政府、社会、市场与大学之间的权利义务关系，并据此配置相关的责、权、利。与此类似，在落实"管办评"分离的大学运行机制后，外部的社会评价与绩效问责压力将会逼迫大学真正回归教育与学术的轨道，自觉地专注于教育与学术生产的"内涵式发展"，切实提升大学教育与学术人员等内部战略性利益相关者在大学治理中的话语权与决策参与权，从而促进大学领导体制和内部治理结构的更新。而在大学实行类似多元利益相关者委员会式的领导体制变革后，大学教育与学术人员借助教授治学权、决策参与权以及校长选聘与考评参与权的落实，来提升大学校内重要决策的话语权和决策参与权，也将获得制度化实现的极大可能。简言之，现代大学的多元利益相关者属性本身就意味着大学治理的诸种潜在治理主体都有参与大学治理的意愿与能量，关键是通过恰当而有效的制度创新来"激活"它们，释放其对大学治理的"正能量"，这正是大学共同治理的要义之所在。

（四）建立"多元利益相关者委员会"性质的大学领导机构与决策体制

现代大学既应立足"象牙塔"的传统，又须肩负"服务站"的责任，故须建立起一种可兼顾大学自治与社会责任、可沟通外部环境和响应社会需求的大学领导体制，这对促成大学的共同治理尤其重要。大学作为一个典型的具有公共性的多元利益相关者组织，其领导体制的设计应遵循大学的这种组织特性，故西方高校多采用董事会或理事会的领导体制。我国高校党委领导下的校长负责制这一领导体制，在敦促大学回应外部多元利益诉求及克服自身组织惰性等方面还有完善的空间。由此，不妨对具有首要领导权责的高校党委进行坚持其核心领导地位前提下的"多元化"改造，使其成为多元化的委员会制的领导机构。具体改革思路为：采取涵盖组织任命、社会推荐、高校选任、基层推选等多种产生方式的混合型重组方式，产生多元化的、成员涵盖大学主要利益相关方代表的高校党委(其成员人数及各方代表比例可根据高校的个体差异灵活规定)，标准是其成员来源、背景及立场等的多元化。这种党委重组方式，目的是破除大学领导体制层面的"官员治校"格局，从大学领导体制层面实现大学由政府专管向社会公共机构的回归。依这种方式重组后的高校党委更加符合大学顶层领导机构所应体现的利益相关者委员会(该委员会的主席即高校党委书记)的性质和角色，在客观上也构成了高校党委领导下的校长负责制的一种新的有效实现形式，① 而且有利于沟通大学与社会关系，拓宽学校办学资金来源渠道，打破传统的行政管理观念和封闭的办学体制，改变学校内部决策方式，形成利益相关者共同讨论和决定学校改革发展的良好治理模式，并推动高校主动适应经济社会发展。② 采用此种方式，高校内部的治理结构以及治理过程可望发生积极的变化。

(五)确立最高领导权之下行政与学术二元并立的大学内部权力架构

向多元共治转型的大学治理变革，往往内在地要求大学进行体制更新、组织再造和权力重构。在改革高校领导体制的同时，不妨按"品"字形的权力构造来设计高校的顶层权力结构，即在成员多元化的高校党委的领导之下，由校长来统摄高校内部的管理权。但在校长之下，确立行政与学术二元并立的管理架构和治理格局。目前，高校虽在普遍设置以学术委员会为代表的学术权力机构，但因高校治理的行政化特质及相关制度的局限，学术委员会很难彻底摆脱校内更为强大的行政力量的干预。故此，应从大学内部治理的高度来看待和改造大学的学术权力系统。其基本思路是：高校内部独立设置的学术权力机构，不仅应在学术事务决策中占据绝对的主导地位，而且应通过选派代表参加党委常委会、校长办公会等高层党政会议，或者校内重大事务决策实行党政—学术联席会议等机制来实现学术权力对重大校务决策的实质性参与。简言之，单纯的"教授治学"并不足以获得改良大学内部治理的功效，教授治学并参与决策(包括参与选、聘、评校长)的制度设计方为教授群体参与大学内部治理的正途。在这种制度设计下，虽然教授们未必也不必要直接控制大学的重要决策，但却必须拥有参与决策和制定规章的权力——不仅仅是参与学术事务的决策，而且包含参与其他学校重大事务

① 李福华. 大学治理的理论基础与组织架构[M]. 教育科学出版社，2008：88.

② 孙霄兵. 中国特色现代大学制度建设研究[M]. 教育科学出版社，2012：132.

的决策。就像曾两度执掌哈佛的德里克·博克校长在论及大学治理时所言："你必须建立这样一个体系，学术领导人与教授在其中相互合作，共同参与领导与决策，教授们能够积极参与政策制定，而且双方对最后的结果感到满意……教授们必须感到自己是大学治理的一部分，他们不必做出最终的决定，但他们必须感到自己能够理解这些决定，并且他们有机会对大学治理做出贡献，同时大学的领导人能够倾听并接受他们好的主张，而不是坚持由自己做出所有的决定。"①

（六）努力培植多方参与、民主协商、正和博弈、共同治理的大学治理文化

大学治理的实际效能，取决于大学治理体系的先进性，即取决于大学治理生态、治理结构、治理过程和治理文化的综合作用。正因如此，有学者即指出，要实现大学治理的有效性，在注重大学治理结构改良的同时，还须进一步超越大学治理结构，② 关注和发力于大学的治理文化建设。追根溯源，现代社会所崇尚的治理思潮及其理论，其所强调的提高市民的自主性，实质上在某种程度上体现了古典民主思想和自治精神。③ 故我国大学从行政主导向多元共治的治理转型，除沿着治理主体多元化的改革路向重塑大学内外部治理结构转型外，还须在培植平等、参与、协商、合作的大学治理文化的基础上着力，实现大学治理过程中多元治理主体的民主参与和良性互动。事实上，一些学者提出的诸如大学内部的人际关系、大学高层行政人员的领导力等影响大学治理实效的影响因素，实际上恰恰同大学治理文化的建设存在着密切关联。在一个治理文化浓厚的大学里，治理过程往往体现为多元主体在民主参与、平

---

① 曲铭峰，龚放. 哈佛大学与当代高等教育——德里克·博克访谈录[J]. 高等教育研究，2011(10)：15-17.

② 顾建民，刘爱生. 超越大学治理结构[J]. 高等教育研究，2011(9)：21-28.

③ 荀渊. 治理的缘起与大学治理的历史逻辑[J]. 全球教育展望，2014(5)：97-104.

等协商基础上的良性互动，这种治理过程更容易达成多元主体间的权益平衡，高层行政人员的决策也就能获得更广泛的基层认可，落实起来自然就更为顺畅，其领导力和校内人际关系自然就好。在这方面，国外的大学校长们更有不少经验之谈。如日本京都大学校长松本纮教授就认为，在大学里，对话非常重要，校长要有足够的说服力。校长的权限是看他"下巴有多大力量"——怎么能够说服大家，靠行政命令可以起的作用很小。① 曾任美国马里兰大学校长的牟德博士也认为，大学校长能做成事并不是靠岗位带来的权威，而是需要与校内师生员工以及政府、社会人士的沟通；② 校长的工作其实不是管理工作，而是领导工作；校长的愿景要有吸引力，要能把大家凝聚在一起，支持、拥护它，让每个人都共同向目标迈进，这是校长的一个基本工作，其需要人格魅力和凝聚力。③ 可见，如果说能保障多元主体有效参与的大学治理结构是大学共同治理的必备"硬件"要素的话，那以民主化的大学治理文化及以此为基础的大学治理过程的互动化，就客观上构成大学共同治理的必备"软件"要素。

---

① 黄达人，等.大学的治理[M].商务印书馆，2013：350-357.
② 黄达人，等.大学的治理[M].商务印书馆，2013：13.
③ 黄达人，等.大学的治理[M].商务印书馆，2013：255-256.

第二章　中国大学治理变革的
组织制度条件

　　大学治理是在大学发展到一定阶段，尤其是大学外部制度环境和大学自身组织制度发展到一定历史阶段才产生的大学运作的"新问题"。大学治理回应的核心制度命题是大学基于其利益相关者组织身份而产生的多元利益相关方之间的"冲突与多元利益"①问题以及旨在解决此问题而需要建构的特殊决策权结构问题。就我国大学发展演变的现状而论，聚焦于大学面临的"冲突与多元利益"挑战，大学治理问题得以提出的组织制度语境是，大学从政府的专管下解放出来，走向多元化的社会，开始获得多元化的社会基础，同时通过法律确权、政府放权等途径获得自主办学的合法权责，组织身份与功能趋于"法人化"，开始拥有相对独立的法人意志和行为能力，并由此面临着骤然加重和日趋复杂化的大学决策责任和决策风险。正如有学者所指出的，大学治理语境的出现，是近20多年来经济体制改革和高等教育体制改革带来的产物。②随着我国高等教育办学体制、管理体制和投资体制在最近20多年来的持续改革和变化发展，高等教育领域的办学权和管理权相对分离，政府和大学之间的委托—代理关系逐渐确立；高校获得越来越多的办学自主权，法人身份和功能逐步"名实合一"，面临着自主办学中的独立决策课题；大学的筹集结构趋于多元化，大学的多元社会基础及多元利益相

---

① 龚怡祖.大学的梦想——龚怡祖文集[M].南京大学出版社，2016：182-
183.

② 龚怡祖.大学的梦想——龚怡祖文集[M].南京大学出版社，2016：180.

关者属性日益凸显。可见，大学治理问题的产生，有其特定的制度环境和组织条件，即大学日渐成为走进社会中心的多元利益相关者组织，且因办学自主权的获得而面临着平衡多元利益相关者价值、权责与利益的复杂决策挑战。

就现阶段我国大学的制度环境和组织演进而言，随着高等教育领域"放管服"改革的深入推进，大学所获得的外部环境愈发宽松，大学自身的制度建设也在积极推进。应当说，我国大学已趋于具备走向大学治理现代化的相关制度环境条件和自身组织基础，这意味着大学朝治理现代化方面努力的改革实践具有重要的现实意义。当然，在此过程中，也仍面临着一些制度环境或组织基础方面的问题或不足，尽管这些问题依然可以视为大学改革发展过程中所遇到的，也终将会在大学改革发展过程中获得解决的问题。

从系统论的观点看，大学组织及其种群是社会大系统中的子系统，故组织和环境的划分和辨识只是相对意义上的。若以联系的观点看，大学本身就是社会有机体中不可分割的一部分，故国家和社会的现代化进程注定成为大学治理现代化的生态条件。在我国大学治理迈向现代化的历史进程中，诸如超越单位体制、扩大办学自主权等组织制度条件，甚至本身就是外部制度环境和自身组织条件的"混合物"，或者说是外部制度环境和组织制度条件交织作用的"连接部"。这些组织制度条件的突破，既需要大学种群的积极努力，又需要政府和社会的积极变革，甚至需要二者之间的有效协同和耦合发力。当这些组织制度条件问题在大学改革发展的过程中逐步改观和解决时，大学的治理将会更加趋近理想的状态，大学治理现代化的目标也将更易完成。

第一节　大学办学自主权的落实

现代大学的历史表明，大学自治不仅是大学维护学术自由原则、坚持按教育与学术规律办学的基本制度保障，而且是其之所以能基业长青、永葆活力的深层制度根源。对大学的发展而言，大学办学自主权的制度建构不仅关涉大学教育与学术生产力的发挥，而且关乎大学文化与学术本位的维系。大学办学自主权既是大学面向社会自主办学所须获得的一种"内生性"制度化权力，又映射出特定语境下政府和大学之间的特定权力关系乃至大学外部治理结构。因为大学办学自主权事实上涉及大学举办者和大学办学者之间的权责划分，牵涉政府和大学之间乃至政府、市场、社会和大学之间的关系问题。甚至从某种程度上，大学办学自主权是一个重要的标志物，从中可以窥视整个高等教育管理体制的基本面。可见，大学办学自主权问题，从理论上探讨比较简单，在实践中解决则并不容易。一个佐证事实是：早在改革开放之初，即有苏步青等知名大学校长公开在报刊上撰文呼吁"多给高校一点自主权"，但40多年来这个问题却依旧有人在呼吁。作为对此问题的政策回应，《国家中长期教育改革和发展规划纲要(2010—2020年)》明确提出要"推进政校分开、管办分离，落实和扩大学校办学自主权，完善中国特色现代大学制度"。在此后的诸多高等教育改革政策文本中，也直接或间接触及这一关键体制性问题。联系到大学治理问题，大学办学自主权已构成大学治理改革的重要制度条件。有鉴于此，不妨以对许多高等教育改革课题较有解释力的组织新制度主义为理论依据和工具，从制度视角来考察、分析我国大学办学自主权落实的现实困境与制度出路，或许有助于我们获得更深刻的理论洞见和实践智慧。

一、作为社会结构的制度：现代大学制度建设的方向

无论是大学组织的运行与管理，还是大学教育与学术活动的开展，抑或政府教育行政行为的实施，都必须有相应的制度来规范和保障。那么，什么是制度呢？人们习惯上将其理解为指导和规范人们如何行事的规则体系。实际上，对制度的这种简单理解既无助于制度的建构，又无益于制度的保障与规范功能的发挥。从社会生活的经验角度来看，制度不仅仅是人们正确行事的规则体系，而且包含着特定的价值取向与行为规范，甚至渗透着特定的社会文化或历史传统。不仅如此，社会生活中

的所谓制度，既有停留于诸如法律法规或组织规章等文本层面的制度，又有落实为人们的具体行动并以此体现其约束效力的制度。在各领域制度建设仍有待完善、整体法治化水平仍有待提升的中国社会，更是如此。那么，究竟制度是何物？组织新制度学派认为，制度是规范个体或组织行为的一系列制度安排，其目的在于使人或组织的行为按制度所确定的秩序行事，进而规范和约束人或组织的行动，从而基于制度而建立起相应的社会结构。因此，作为调控人或组织行为的一整套社会机制，制度具有多重要素：它既包括最为固定和外显的法律规章，也包含为共同价值观所支持并用以指导个体行为的规范体系，甚至还涵盖最难以辨析的文化—认知状态，① 此外还包含不断地生产和再生产着规则、规范和文化—认知等符号性要素的活动以及维持它们的资源。② 制度由这些相互嵌套的多种因素紧密结合，形成一个有机整体，并因此而成为一种强大的无形力量，制约着组织及其成员的行为，使社会范围内遵循不同制度逻辑的各种组织活动趋于稳定、逐渐定型和模式化，进而演变为一种持久的社会结构。因此，真正意义上的制度，最终必定表现为以模式化、稳定化的个体或组织行为为具体表征的社会结构。

那么，制度是如何推动个人或组织行为的模式化、稳定化，并在此基础上催生出同特定制度逻辑相契合的社会结构呢？究其机理，是因为在制度的约束之下，制度所包含的各种规制性规则（典型者如法律规章）会构成限制组织及成员活动的刚性约束；制度中的规范性因素则会为组织及成员行为提供一种约束性期待与行动标准，而内含于制度中的文化—认知框架则为组织及其成员的行为提供一种共同的意义理解和建构性图式，并由此构成制度对组织及其成员行为的"软约束"。同这些符号性因素相配合的物质资源则会通过资源配置来引导组织及其成员向符合制度规定的方向行动（通过"顺之则赏、逆之则罚"的正负向激励功

---

① 史静寰，郭欣. 院校与研究生教育的制度创新[J]. 教育研究，2005(6)：14.

② W. 理查德·斯科特. 制度与组织——思想观念与物质利益[M]. 姚伟，等，译. 中国人民大学出版社，2010：57.

能来实现）。这种符合制度期望的成员行动和组织实践反过来又在客观上不断巩固和强化着制度对组织活动的约束效应。可见，制度对组织的约束作用是制度所包含的各种制度性要素对组织活动的制约作用的有机聚合。从制度的作用对象——人或组织的角度来看，制度效应（即制度的制约或能动作用）的发挥，意味着组织及其成员的行动受到了规则体系、行为模板（由制度力量形塑而成）和物质资源的约束或支持，进而呈现某种确定的状态或稳定的特征。此时，组织及其成员的行为即演变为一种制度化了的"制度性行动"，而制度则由一种规则体系演变为一种具有社会实在性质的社会结构。

以现代大学为例，虽历经千年风雨，但大学组织及其活动至今仍基本上保持着与其组织原型——中世纪大学大体相似的面貌。大学组织的这种"超稳定性"，无疑得益于现代大学制度的存在及影响——大学制度对大学组织的刚性形塑。这里所讲的大学制度，应当按一种超越"规则体系"的广义的制度来理解，也就是说，真正能抵挡历史风雨洗礼、具有旺盛生命力的大学制度，应当是包括大学的领导、组织、管理和运行等各环节，涵盖大学教学、科研和服务等各领域，为大学领导者、管理者、教师和学生等诸群体所认同、接受和遵守的各种"硬性"规则或"软性"规则（如规范、惯例、传统等）和人们的文化—认知等基本制度要素内在凝结而成的有机体。不仅如此，这种规则、规范和文化—认知的有机体，还在制度实际运行中获得了大学组织结构和物质资源的有效支持，以及大学内部人甚至外部人在思想观念上的认可、接受甚至内化。从这个意义上看，作为规则体系的制度，实际上同大学组织机体、大学成员的思想与行为，乃至大学的精神与文化都是不可分离甚至浑然一体的。甚至可以说，真正有生命的大学制度，通常是"始于规则、成于组织、固于实施、终于内化、久于文化"的。规则体系不过是大学制度最初始的状态，大学成员对规则体系自觉遵守的群体行为和高度认同、内化后形成的组织观念是大学制度的高阶状态，经过长期的制度实践最终升华为大学的组织文化、精神底蕴和历史传统，则是大学制度的理想状态。我国大学正面临着完善大学治理、建设中国特色现代大学制度的重任，这种多要素、多维度、多面向、多形态的广义的现代大学制度，才是我们在现代大学制度建设实践中所应追求的制度建设方向和目标。

二、"制度构件"状态：大学办学自主权的孱弱

以组织新制度主义的观点来看，大学是一种高度制度化的组织，①其组织形式、正式结构和组织行为都深受制度力量的影响，甚至大学组织本身亦可视为一种特殊的制度(即大学制度的实体性要素)。大学办学自主权的有效运行，是在政府—大学这种特定双边关系框架和以此为内核的特殊制度环境中展开的，因而不可避免地要受高等教育行政体制及作为其外在表征的政府—大学关系框架的制约。不同于孕育自西方社会内部并获得政府认可的原发内生型大学，我国的公立大学是在政府主导下建立和运转的，其办学行为通常深受政府的影响乃至管控，因而其办学自主权更多地体现为政府对大学的授予性或让渡性权力。在此制度语境下，考察诸如大学的办学自主权、大学与政府之间的权力博弈等大学权力相关问题时，自然有必要从制度的视角来分析，以求获得更深刻的洞见。

从组织新制度学派所主张的制度视角来观察，不难发现：虽然我国的大学系统在经历多年的管理体制改革后已获得了一部分实质性的办学自主权，但就权力的存在方式和运作状态而言，大学拥有的所谓"办学自主权"同政府掌控的行政权在制度化程度上存在着巨大的反差，因而在权力的能量和影响方面自然相差悬殊。政府所掌控的行政权，从权力的授予到权力的行使都有刚性的规则体系(从《教育法》《高等教育法》，到党委领导的校长负责制，再到校内规章制度等多个层面)予以保障，政府的行政权在行使过程中既有建制齐备、自成体系的行政管理系统(包括中央与省市两级政府、政府教育行政管理部门及作为其延伸的高

---

① 编者. 学术制度与大学组织［J］. 北京大学教育评论，2010(3)：1.

校内部行政管理体系)作为组织基础,又有涵盖行政作业规范(如政府和大学之间事实上存在的"婆媳关系"、大学内外部上下级机构间的命令—服从关系、大学内外部组织活动的非人格化特征等)等多重行政文化的内在支持,更有因政府垄断大部分办学资源而实际获得的对大学的"引导"与"调控"能力的有力支撑。这样,自成体系的行政规则、行政规范等既可为政府行政权的行使提供强有力的制度性保障,又赋予其某些工具理性层面的意义(如高等教育事业的有序发展和政府所预期的社会效益)。最终,政府的行政权,同大学内外部的行政规则体系、行政作业规范以及政府主导的高教资源等有形要素相结合,构成一种完整的"制度设施",形成一种紧密的制度结构,并在高等教育管理实践中显示出(制度化了的)行政权的巨大威力。

相比之下,对处于弱势地位的大学而言,虽然其办学自主权有《高等教育法》等法律规范的条文保障,亦有大学内部的相应机构体系作为组织依托,但其缺失有关大学自治的规范体系(其内核是大学自治的价值观及社会共识)和大学自治的理念、传统与认知(其核心是社会各界对大学作为独立性学术机构的价值共识与意义建构)的内在支援,缺乏可由大学自主支配的物质资源作为资源保障,更缺乏常态化的大学自主办学实践作为行动基础,以及这种实践活动对大学自主办学观念、制度的固化与再生产效应。可见,不同于高度制度化、结构化了的政府行政权,大学办学自主权的存在与发挥作用是非制度化的。在"极强政府、极弱社会"①的中国社会结构中,政府的超级强势地位和大学的明显弱势地位从根本上决定了中国大学办学自主权的这种非制度化状态,其结果是:大学自主权难以从根本上摆脱"落实难"(更遑论扩大)的窘境。

以上对政府行政权和大学办学自主权的制度化差异及实际效能的对比分析表明:尽管政府行政权与大学办学自主权同为高等教育管理体制

---

① 周光礼. 中国大学办学自主权(1952—2012):政策变迁的制度解释[J]. 中国地质大学学报(社科版),2012(3):82.

的核心要素，且二者之间存在着相互博弈乃至相互转化的可能性，但大学的办学自主权在实际运行中未能像政府的行政权那样同具体的规则、规范等内在地联系起来，亦未能获得相关物质资源的支持和常态化的组织活动的巩固，实质上处于一种前制度阶段的"制度构件"状态，而未能演化成型为一种结构化的、具有强大影响力的"制度设施"（或曰社会结构）。这种情形的必然结果是：尚未成型为制度有机体的大学办学自主权远不能获得类似政府行政权那样的制度优势（即作为制度有机体而产生的巨大制度影响力）及建基于此的主导地位，更遑论其能仰仗制度影响力在大学同政府的双边博弈中获得相对的主动权，保障大学相对独立、超然的自主地位。

三、发展为"制度设施"：落实和扩大大学办学自主权的新制度主义路径

上文的分析与推理表明，中国大学的办学自主权若要争得其应有的地位，发挥出办学者们所寄望的制度性保障作用，就必须努力实现权力的制度化，尽快实现其由"制度构件"向"制度设施"的实质性跃升，进而发挥出办学自主权制度对政府教育主管部门的约束作用和对大学组织的保障功能。套用学者丹尼斯·朗关于权力的一句话来讲就是：只有体现为完整的"制度设施"的大学办学自主权才可以说拥有应有的地位，并能发挥出预期的作用。而组织新制度主义理论对制度的综合性界定则提示我们，要建构作为"制度设施"的大学办学自主权，就必须从规则、规范、文化认知等符号性层面及社会活动与物质资源等多重层面来建构大学办学自主权制度，使这种自主权得到大学自主办学相关规则体系的支持、大学办学自主规范体系的依托、大学自主文化与认知的支援，及由第三方主导的资源配置的保障和大学独立办学实践的巩固，形成相应的核心制度结构，进而借助制度的制约作用与规范功能来促进我国大学自主办学行为模式的确立和巩固，并在这种组织行为模式转换中实现办学自主权的抬升、彰显与张扬。沿着这种理论推演的方向指引和路径参

考，结合我国大学内外部制度环境的实际，大学办学自主权的制度建构实践不妨参照以下的原则性、框架式构想来予以推进。

（一）通过法律法规和大学章程两个层面的"立法"改革来完善大学办学自主权的相关规则体系，使相关法律法规与制度依据更加明确化、具体化、可操作化。

现代社会的发展历程已证明：法治化是保障私权利、限制公权力的根本途径，在"强政府、弱社会"的社会结构中更是如此。同理，它也是矫治高度行政化的高等教育行政管理体制、培植合作伙伴型政府—大学关系的重要路径。在当前依法治教、依法办学已是大势所趋的政策语境下，从法律制度层面对大学办学自主权的一系列基本问题（如办学自主权的性质、地位、作用领域、权力边界、组织形式和运作程序等）进行更加明确、具体、可行的规定，提高大学办学自主权之法律与制度依据的详实性和可行性，不仅是张扬大学办学自主权的有效举措，而且是推动其制度化建构的重要切入点。考虑到现行《高等教育法》对大学办学自主权已有原则性规定，这一立法工作有必要深入化、细致化。换言之，政府有必要在现行《高等教育法》的规范下，制定诸如"大学运行法"等行政法规，据以限制政府的行政权，遏制其对大学的行政干预冲动，切实保障大学办学自主权的落实和行使。在实体性行政立法方面，有必要根据大学组织的本质特性和通行惯例，进一步明确大学办学自主权的全部内容、权力边界、实现路径、行使方式和运行程序，明确大学办学自主权横遭干预时的救济途径与机制。当然，保障、巩固和彰显大学办学自主权的制度建设不仅需要法律层面的保障，同时需要各大学依据教育部颁布的"大学章程制定办法"，经由法定途径制定具有法律效力的大学章程。此外，应鼓励大学在其办学自主权遭政府主管部门侵犯时，及时诉诸司法途径寻求权利救济，以督促政府的行政行为切实依法而行，进而保障和巩固大学的依法自主办学权。

(二)通过立法改革和制度建设推进大学内外部治理结构的建立健全,为大学办学自主权的有效落实和科学行使提供相应的治理架构。

大学办学自主权的落实和行使,不仅牵涉大学外部治理结构的设计,而且需要大学内部治理结构的支持,必须有相应组织制度安排作为保障。正如美国著名管理学家理查德·H.霍尔所理解的那样:"从多种意义上讲,组织是权力的同义语。因为当我们从组织结果的角度进行考虑,组织便是当权者的权力工具,组织也是人们遵循权力规则的权力体系。"①因此,为确保大学办学自主权的制度化、常态化、高效化运行,有必要通过国家和大学两个层次的"立法"来确立科学的大学内外部治理结构,设计好行之有效的制度安排。诚如有学者所言,依法办学、自主管理、民主监督、社会参与是当代大学的基本办学要素,而要在当前条件下将这些要求有机而和谐地统合起来,目前还没有一种制度能够超越大学治理结构。② 就大学办学自主权的有效落实而言,首先有赖于建立起合理的大学外部治理结构,解决好政府和大学之间的权力分配问题。《高等教育法》所倡导的高校依法自主办学,就意味着作为独立法人的大学必须借助法律的规范功能来处理好与政府、市场和社会之间的关系。但鉴于大学外部治理结构说到底是国家政治结构、社会结构在大学组织结构上的投影,因此该结构及其功能能否顺利形成,直接受制于政治法律体制的改革能否进一步落实大学的法人治理权,使之真正成为具有完全责任能力并受到有效监督的办学实体。③ 为促进大学办学自主权的有效落实和适度扩大,现阶段比较可行的途径是依靠立法建立具有委托代理性质、能够与行政约束机制相补充的契约约束关系,间接

① 理查德·H.霍尔.组织:结构、过程及结果[M].张友星,等,译.上海财经大学出版社,2003:122.

② 龚怡祖.大学治理结构:建立大学变化中的力量平衡[J].高等教育研究,2010(12):52.

③ 龚怡祖.大学治理结构:建立大学变化中的力量平衡[J].高等教育研究,2010(12):52.

地把大学和政府的权责分清楚。①

另外，大学办学自主权的获得和巩固，还有赖于大学对它的合理行使，这种合理行使须以科学的大学内部治理结构作为保障。实践证明：在现有行政主导的内部治理结构下，办学自主权为大学内部行政管理系统所获取和垄断，导致权力被滥用，不仅无助于大学教育与学术绩效的提升，而且进一步加剧了外部对大学的不信任感。因此，在依托科学的大学外部治理结构实现政府和大学之间的合理分权后，大学所获得的办学自主权还必须通过科学的大学内部治理架构实现合理的运用，否则，大学办学自主权的巩固和扩大就难以实现。

(三)通过大学制度与文化建设加强大学的学术规范体系及学术本位型文化—认知框架的建构，使大学办学自主权的运作获得强劲的学术文化支持。

组织新制度主义者非常重视制度的规范层面和文化—认知层面，认为前者规定着特定情境中的目标界定及追求这些目标的适当方式，而后者则强调了以社会为中介的共同意义框架，为组织及其成员提供了思考、情感和行动的模式。② 这种高度关注规范性与文化—认知性制度形态的理论路向尤其适合于大学这类视特定价值观与规范、信念体系及文化框架为组织之魂的文化性组织。因此，在大学办学自主权的制度构建过程中，必须在确立规制性规则的同时高度重视相应的规范体系与文化建设，其核心是要加快建立大学作为学术性机构所应建构的学术规范体系及学术本位型的文化—认知框架，前者主要指用以规范大学自主办学行为的价值观与规范体系，其核心是以致力学术、探求新知、传承文化、培养人才为目标的大学办学价值观以及规范大学办学自主权(尤其是其中的行政管理权和学术管理权)的一整套特定规范，后者则包含大

<hr>

① 龚怡祖.大学治理结构：建立大学变化中的力量平衡[J].高等教育研究，2010(12)：52.

② W.理查德·斯科特.制度与组织——思想观念与物质利益[M].姚伟，等，译.中国人民大学出版社，2010：63-67.

学坚持按教育与学术规律独立办学、追求人才培养质量与学术创新成果的信念体系，视大学为教育与学术机构，视"追求真理、探求新知、培育人才"为大学办学使命，视教育与学术生产力为大学根本价值所在等理性认知，以及人文主义的学术文化框架。显然，较之于外显化的规制性规则和组织机构体系，文化—认知层面的制度才是大学办学自主权制度建设的深层内容和关键所在，而且，这些规范系统和文化—认知框架的确立，必须通过大学的文化建设来实现。具体到实施层面，则似有必要从大学的物质文化、精神文化、制度文化和行为文化等多重层次协同推进，着力实现我国大学组织文化内核与外在组织由科层文化、科层组织向学术文化、学术组织的转换，使大学办学自主权的运作能够获得良性的、持久的组织文化支持。

　　大学之所以能获得高度的自治权，除其先发内生性的先天优势之外，大学作为教育与学术机构的显著特质及其卓越的学术表现无疑是重要原因。正是基于大学在探索新知、追求真理、传承人类智慧成果方面的特殊价值和卓越表现，大学的独立自治地位才为社会所认可，进而得到教权或王权（近代以后即为国家政权）的尊重、认可和保障。与此相反，新中国成立后，大学长期被当作事业单位看待，不仅其学术机构的特质被遮蔽，甚至还被执政党和政府赋予了过多的非学术功能，致使大学逐渐被行政化，其学术属性和组织绩效难以获得政府和社会的认可，其渴望的办学自主权当然被政府认为是"既无必要亦无可能"。因此，无论是在理论上，还是在实践中，我们都应深刻地认识到：由于高等学校是一个高度专业化的学术机构，发展学术、追求真理是其本质，故大学的办学自主权实质上是学术自主权。① 这当然意味着，大学若要想从外部的政府、市场和社会等权力主体那里获得更多、更大的办学自主权，就必须依靠其可靠的自主自律能力和卓越的学术绩效表现来"征服"社会公众和政府部门。不仅如此，无论是大学的自主自律能力，还

---

　　① 周光礼. 中国大学办学自主权（1952—2012）：政策变迁的制度解释［J］. 中国地质大学学报（社科版），2012：81.

是其学术绩效表现，都有赖于组织内部的学术规范体系建设（用以规范自主权在大学内部的运行）和学术文化建设（为大学的学术绩效提供根本性的精神动力支持）。只有当大学的学术文化真正得以建立并为外部社会所认同，其学术品质真正得以树立并为外部社会所认可时，其所期盼的办学自主权才能获得真正的合法性与内在保障，其争取办学自主权的努力和行动才能有足够的资本和光明的前景。

（四）通过大学教育与学术资源配置体制机制的"去政府化、趋中介化、趋市场化"变革，使大学办学自主权的落实与扩展获得有效的资源保障与激励机制。

组织新制度主义理论的制度观尽管十分强调社会生活的符号层面的重要性，但是也比较关注维持它们的特定资源。① 因为规则、规范和文化—认知等符号性要素必须在人们的互动性活动中才能得以维系、生产和再生产，规制性过程中的奖惩、规范确立过程中的激励和文化信念与认知图式的实现，都离不开物质资源的支撑和保障。可见，组织新制度主义者所言的制度本身即已强调了精神与物质层面之间的相互依赖。事实也是如此，我国大学近 20 年间的加速行政化变迁（其中包含着大学对政府的依附），就突出地显示出行政化的资源配置在大学行政化变迁中的"催化"作用。基于物质资源对制度建构的重要意义，在大学办学自主权的制度建构实践中，我们必须高度重视物质资源配置的作用。结合当前我国大学资源配置的实际，有必要在大学管理体制改革进程中，着力解决大学教育与学术资源的行政化配置问题，努力消除政府主导的资源配置对大学向行政化变迁的直接影响。在大学内外部的资源配置问题上，借鉴先进国家的成功做法，我们不妨将由相关政府主管部门（主要是教育部门和财政部门）直接负责对大学进行财政性经费划拨的行政化教育经费配置方式改革为以专业性中介机构（类似于英国的大学拨款

---

① W. 理查德·斯科特. 制度与组织——思想观念与物质利益[M]. 姚伟，等，译. 中国人民大学出版社，2010：57.

委员会)为责任主体、以大学的实际教育与学术表现为拨款基准的专业化教育经费配置，以最大限度地弱化教育经费配置中的不当行政干预，使大学尽可能地摆脱因资源依赖而导致的对政府部门的依附地位，获得应有的办学自主权。同时，大学自身亦应以教育与学术需求为准绳来合理配置从外部获取的办学资源，保证和提升教授群体在组织资源配置过程中的话语权与决策权，让有限的办学资源用在教育与学术活动上，并以积极进取的精神努力提升自身的教育质量与学术表现，借此从社会获得持续的资源输入，以减轻对政府的资源依赖程度，改观自身对政府依附地位。与此相类似，推进基于竞争的高等教育市场化进程，亦是破除大学对政府的依附状态、还原大学办学自主权的重要路径。可以预期的是，这种资源配置层面的"去行政化、趋中介化、趋市场化"变革将为我国大学办学自主权的制度建构提供有效的资源保障和显著的激励效应。

(五)通过规则约束、文化熏陶和资源激励等方式，努力实现大学自主办学行为的稳定与持续，使大学办学自主权得到不断巩固和持续强化。

组织新制度主义的制度观在强调符号系统和物质资源的同时，也重视不断地生产和再生产这些符号系统的组织活动。不仅如此，制度对组织的规范作用还必须以组织行为的制度化为最终落脚点。换言之，组织之所以需要某种制度，就是期望通过这种制度的约束作用和规范功能使组织及其成员的行为能在规则约束、文化熏陶和资源激励等多重作用的影响下，朝着制度所指引的方向和所形塑的模式靠拢，并通过这种模式化的组织活动的不断重复与巩固来实现组织实践的定型化和稳定化。此时的组织即为制度化的组织，制度化的组织所进行的活动即为制度化的组织行为。毋庸置疑，大学办学自主权的制度建构，其终极目标就是期待通过自主办学权制度的约束作用和规范功能促成大学自主办学行为模式的常态化和制度化，并通过以大学自治为核心价值的独立办学行为的重复、持续来巩固自主办学制度，进而借助制度体系与组织行为之间的相互促进机制使以教育与学术规律为准绳、面向社会自主办学的大学理性办学行为成为大学组织的标准行为模板，最终实现大学自主办学活动的制度化。对当下的中国大学而言，欲最终实现自主办学活动的制度化，就必须综合运用相关法律规范所包含的规则约束（主要是鼓励和倡导大学依法自主办学的相关规制性规则和规范性规则）、文化熏陶（指通过包含大学自主在内的现代大学制度与文化的潜移默化式的影响来塑造社会公众与政府部门的思维与行为）和资源激励（指以学术需求为配置基准、以专业中介机构为操作主体的资源配置与物质激励）等多种方式和手段，来引导大学办学行为向自我主导型的行为模式趋近，并通过这种活动的重复与持续逐步实现大学自主办学行为的惯性化、模式化和制度化。简而言之，大学自主办学行为的模式化，既是构筑和巩固大学办学自主权的重要途径，亦是大学办学自主权之制度建构的最终目标。

第二节 高校从单位化向大学化的治理转型

就我国大学治理现代化的进程而言，如果说大学治理走向现代化所需要的关键性组织制度条件，在大学外部主要是通过制度化的路径确定规范的大学与政府的关系框架，确保大学的自主权问题及与此相关的大学管办评分离的制度框架，那么在大学组织层面可能就是大学如何超越事业单位体制局限而趋近于教育学术机构的"组织还原"问题。毕竟，作为教育事业单位的高校和作为教育学术机构的大学，在组织及制度层面存在着诸多微妙的差异，这些组织制度差异显然会影响大学治理的运行及走向。事实上，大学治理的理论话语和学术命题于 21 世纪初即被引入国内学术界，2010 年代进一步进入政策层面成为一种官方话语和改革议题，① 随后逐步构成一系列高等教育改革行动的逻辑主线。20 年间，我国大学治理领域的理论研究持续深入，大学章程制定与实施、完善大学治理结构、高校管办评分离、深化"放管服"改革等高等教育

---

① 陈洪捷. 也谈大学治理[J]. 清华大学教育研究，2020（1）：6-7.

治理的改革行动亦在渐次推进。但较之理论研究的稳步深化，大学治理变革的实践突破似乎不尽如人意。这种理论研究和实践推展之间的落差，凸显出大学治理改革实践的复杂性，也从一个侧面提供了重要的警示：脱离国家和社会制度的宏观视野，缺乏社会制度结构的分析视角，仅仅从高等教育系统的视角来认识和解决大学治理问题，可能会存在思维简单化的缺陷，带来变革行动的失灵风险。在现行国家和社会基本制度框架下，已深度嵌入单位体制当中的大学固然是教育学术机构，但更是典型的单位组织，深受单位体制和单位定位的约束。大学的治理在被寄予教育学术理想的同时也较难摆脱单位逻辑的支配和单位体制的约束。不过，随着国家治理现代化进程的推进，我国的事业单位体制改革在逐步走向"深水区"，包括高校在内的传统事业单位正在发生更多面向社会与市场的组织制度变革。随着现代事业制度的实践探索，传统单位体制的制度束缚松动后，高校最终会实现从"单位"向大学的组织还原，大学的治理也可望实现从"单位化治理"向"大学化治理"的范式转换，进而趋近教育界所期盼的大学治理状态。在事业单位体制改革持续推进的背景下，回顾社会学者有关单位研究的相关理论观点，解析单位体制下的大学单位化治理形态，探讨事业单位改革语境中的大学治理变革与转型问题，无疑具有重要的现实意义。

一、大学作为单位的组织定位与多元职能

单位是中国人都耳熟能详的一个特殊词语，它曾是中国城市居民各行各业、各种类型就业机构的总称，并具有超越各类具体就业机构的某种共性和特殊内涵。体制内的行政单位、事业单位和国有企业，都属于典型的单位。在高等教育领域，新中国成立后，公立大学单位化成了我国大学的最大特色。① 20世纪90年代以来，在社会主义市场经济深入

---

① 王建华. 第三部门视野中的现代大学制度［M］. 广东高等教育出版社，2008：155.

发展的过程中，非公有制经济形态迅速成长，多轮政府机构改革、部分公有制企业的转制和事业单位的渐进式改革逐步推进，城镇社会中单位一统天下的格局已有显著的变化，单位对国家和个人对单位的依赖性都在逐步弱化，① 但这种以单位组织为主导的社会结构和组织格局在短期内还不会彻底改变。② 与此类似，在高等教育部门中，尽管同一时期民办院校兴起并快速发展，公办院校也普遍开展了并轨招生、收取学费、学生自主择业、后勤服务社会化、教职员工聘用制等多项改革，但迄今公办院校保持事业单位身份且占主导地位的基本制度架构依然存在。可以预见，单位组织和非单位组织并存，两种社会组织行为规范并存且相互作用、相互影响和相互制约的状态还会维持相当长一段时间。③ 同时也应看到，我国事业单位的实质性改革已在切实推进中，并在逐步向纵深发展。随着事业单位体制改革的稳步深入，公办高校的教育学术属性和专业功能已在持续凸显，单位属性与身份在不断淡化。

(一) 单位组织的特定内涵与多元职能

在单位制下的城市社会中，国家通过分布于各行各业的一个个单位来配置公共资源、组织社会生产和发展公共事业，并经由这些单位来实现国民收入再分配、落实公共管理与服务、实行社会调控与整合。故在研究单位问题的社会学者看来，当代中国政治、经济与社会体制之下的"单位"，不仅是其成员获得工作岗位、劳动报酬、单位福利的渠道，更是保障其特定社会身份或地位，塑造其社会关系网络的组织制度基础。同时，国家对地方、基层和个人的调控，主要通过被整合进整个国家行政体系中的各种单位来实现。所谓"单位组织"，是一种德治性再

---

① 李汉林. 中国单位社会：议论、思考与研究[M]. 上海人民出版社，2004：91-98.

② 李汉林. 中国单位社会：议论、思考与研究[M]. 上海人民出版社，2004：91-98.

③ 李汉林. 变迁中的中国单位制度[J]. 社会，2008(3)：38.

分配①体制内的制度化组织。② 对于单位组织的这种定性，主要是研究单位现象的研究者从单位组织和单位制度所处的宏观制度环境出发，观察到单位现象同社会主义国家的再分配体制之间的特殊紧密联系而做出的。部分学者用"德治"原则来概括社会主义国家传统再分配体制下社会资源按单位领导品德和政治觉悟的标准来予以分配的做法。将"再分配体制"及其"德治性"分配原则结合起来，这种社会资源的分配体制就被称作"德治性再分配体制"，这是支撑单位组织存在和运行的重要制度基础。或者说，"单位"制度化的基础在于：国家成为组织所需资源的唯一或主要提供者，组织领导者完全取决于等级体制中的上级的决定，结构科层化与功能科层化分离，以及单位成员的永久性就业等。这种"单位性质"的深层意涵是：单位是一种特定的组织形式和制度结构，国家有赖于这些单位组织调控和整合社会。③ 由此，"单位"不仅构成城镇社会中最普遍的社会组织形式，而且本身在很大程度上代替了相对于国家（政府）意义而言的"社会"，形成一种"组织化"的社会整合形式，并据此具有社会结构的意义。④ 在"国家（政府）—单位—个体"这种社会整合的标准形态与运行机制中，单位组织占据着承上启下的关键位置，承担着落实党和政府相关方针政策、实现基层社会整合的重要职能。当然，单位也被寄予通过自身专业功能的有效发挥而实现社会资源总量增升，助益于社会生产力提升的社会期待。对于单位组织和单位体制，必须强调的是，我们应从历史的视野、运用辩证的思维来认识和评价：单位体制作为新中国成立后对我国这样一个超大型社会进行调控和整合的制度产物，曾在很长一段时期内满足了中国重建社会政治秩序和

---

①　李猛，周飞舟，李康. 单位：制度化组织的内部机制[M]//中国社会科学院社会学研究所. 中国社会学(第二卷). 上海人民出版社，2003：135-167.

②　李猛，周飞舟，李康. 单位：制度化组织的内部机制[M]//中国社会科学院社会学研究所. 中国社会学(第二卷). 上海人民出版社，2003：135-167.

③　胡伟，李汉林. 单位作为一种制度：关于单位研究的一种视角[J]. 江苏社会科学，2003(6)：68.

④　李汉林，李路路. 资源与交换——中国单位组织中的依赖性结构[J]. 社会学研究，1999(4)：44.

推动现代化进程的双重需要。日后诸多单位不良现象的出现并不能完全否定单位体制的积极作用。相反，随着社会的进步与发展，应在充分吸收单位体制之合理性因素的前提下，推动国家社会政治结构的变革。①

(二)大学的事业单位定位及其多重职能

在高等教育领域，以公办院校为主体的各类高校构成国家高等教育系统的组织基础，承载着国家高等教育事业发展的使命。但公办高校的事业单位法人身份和事业单位组织属性，意味着其已深深地内嵌入整个国家体制，同时具有政治、经济与社会三位一体的功能。一方面，基于社会专业分工的需求，大学作为专业性的教育学术机构，承担着相应的教育学术使命；另一方面，作为单位体制下的单位组织，大学在单位制社会结构中存在的首要组织身份仍是事业单位，必须承担起相应的政治、经济和社会等多重功能，如贯彻国家各项方针政策，负责师生的思想政治教育、校园内外的意识形态传播，服务地方经济发展，实现社会调控与整合，等等。形象地描述，高校"露出水面的部分"大体可看做其教育学术功能，而"隐藏在冰山之下"的部分则是其作为事业单位而承载的各种非专业性功能。不仅如此，从整个社会系统的更大场域来观察，尤其是从社会运行和社会整合的需求来看，大学教育学术专业性职能的发挥可能还不得不服从和服务于其承载的政治的、经济的和社会的职能的实现，因为后者是国家对公办院校作为事业单位所赋予的重要政治与社会责任。与此相对应，大学组织的上级部门倾向于以多重参数评估考核大学的成就，除了教学科研等专业职能的履行情况外，单位的计划生育、环境卫生及职工的生活、思想状况、就业安排、犯罪控制等都被列入考核范围，而且许多指标都具有"一票否决"的意义。②

综合两种不同的视角，如果说教育学者所期盼的自主、自为的教育

---

① 刘建军. 中国单位体制的构建与"革命后社会"的整合[J]. 政治学研究，2000(5)：24.

② 朴雪涛. 论单位制度对大学组织行为的影响[J]. 辽宁教育研究，2001(12)：31-33.

学术机构对应的是大学的理想状态的话，那么单位体制下作为单位组织而存在和运作的高校，无疑就是我国大学的现实情境和客观实在。对包括大学在内的事业单位的考察和分析，必须将其置于我国特定的社会制度结构甚至整个国家的政治、行政体制中来展开。这种制度视角下的单位，显然不仅仅是一种基层社会组织，也不仅仅是某种单一化专业性机构，而是一种特殊社会调控形式，即基本的社会调控单位和资源分配单位；是我国这样一个超大型社会中"组织化"整合下国家和个人之间的联系点。① 在其专业性功能之外，还具有重组社会和连接国家与个人等重要政治性、社会性功能。② 从大学作为单位组织的现实情境出发，深刻认识单位体制下高校的组织属性、定位和复杂职能，既是对从大学理想出发的大学理性追问的有益补充，又是解析和探索我国大学治理改革的重要理论视角和实践面向。

二、单位制下大学的单位化治理及其局限

探讨大学的治理及其变革，显然不能脱离公办高校的事业单位定位这一基本现实，否则就有违从实际出发、实事求是的认识方法论，削弱理论思考与研究的穿透力。大学治理是指大学内外部诸利益相关者参与大学重大事务决策的结构和过程。大学所处的外部制度环境，大学自身的组织制度生态，以及大学在国家和社会基本制度框架中同政府、社会与市场的关系等，都制约着大学治理的结构与过程，形塑着大学治理的样态和范式。教育学者所期盼的理想化的大学治理，更多地遵循的是大学的教育学术逻辑，其对大学的制度假设是大学作为纯粹的教育学术机构而言的。但单位制下的公办高校，显然很难成为一种纯粹的教育学术机构，而是兼具事业单位属性和教育学术属性的"混合型"组织。这就

---

① 刘建军. 单位中国——社会调控体系中的个人、组织与国家[M]. 天津人民出版社，2000：43.

② 刘建军. 单位中国——社会调控体系中的个人、组织与国家[M]. 天津人民出版社，2000：65-77.

意味着：单位体制作为一种制度结构，必然会对大学的治理产生重要的制度性压力，使大学治理的实际状态有别于教育学者所憧憬的那种理想治理类型。

(一)大学的单位化治理

从单位体制的角度看，单位不仅仅是内嵌于整个国家体制的一类就业机构，而且是一种社会整合的组织形式和制度结构。单位不是孤立存在的，而是作为整个社会调控网络体系中的节点而存在的。单位一方面作为政府的附属物而对政府存在明显的依附关系，同国家之间存在上下级行政关系；另一方面因其和上级政府部门之间的委托—代理关系及信息不对称形成的相对优势而具有局部的自主支配空间。大学作为典型的事业单位，在单位组织的范畴内，从产权来看，政府是所有大学的出资者和所有人，对大学拥有最终的决策权；从大学权力层次和运行机制看，大学是一个与政府同质同构的行政科层组织，有其对应的主管行政机关、自身行政级别和内部行政体系；从资源流动关系看，大学只从事国家计划规定的教学、科研任务，只与直接隶属的行政机关发生经济、资源和人事关系，存在资源流动方面的封闭性。① 内嵌于单位体制之中、作为单位组织而存在的大学，其治理的目标、逻辑、结构和过程等无疑会深受单位体制的约束和形塑。我们不妨将大学因其单位组织属性而使其治理所具有的一系列特殊因素的总和称为大学的单位化治理。所谓大学的单位化治理，是指在事业单位体制的约束下，基于特殊的单位组织定位和属性，大学为实现其多重组织功能与目标，遵循单位组织特殊决策权安排而对大学相关事务进行决策的活动或过程。大学的单位化治理，同样存在外部治理和内部治理两个基本维度，二者之间构成"一体两面"的密切依存关系。对大学的这种治理形态，亦可从治理环境、治理结构、治理过程和治理文化等方面来予以分析。

进一步分析大学单位化治理的特征可以发现，单位体制构成决定着

① 郭海. 论大学的责任体系[M]. 北京大学出版社，2000：12.

大学单位化治理形态的核心制度环境，单位体制从根本上决定了大学的单位组织定位(而非教育学术机构定位)及同政府之间的上下级行政关系(而非某种相对平等的契约关系)。大学的单位化治理，本质上就是单位体制在大学治理领域的投射，就是单位体制对大学治理产生强大制度压力的某种必然性结果。在治理的目标和逻辑方面，作为单位的大学，其治理行动当然要服从和服务于单位组织所承载的政治的、经济的、社会的和专业的等多重功能，完成被政府所寄予的社会整合的组织使命(而非相对单纯的教育学术使命)。其治理机制自然就是依循大学单位作为政府附属组织和社会调控工具的定位与权能，在单位对国家的依附关系和单位成员对单位的依附关系的制度框架中，本着多重组织目标中各类目标(而非应被置于优先地位的教育学术目标)的重要程度，按从上到下行政关系位阶中的不同治理主体的权力地位来建构相应的治理结构，按照以科层为主而非多元共治的逻辑和机制来进行大学重要事务的决策。在大学的单位化治理中，就治理结构与过程来看，存在着明显的政府处于绝对主导地位(在大学外部治理中)和单位党政领导处于主导地位(在大学内部治理中)的现象，大学作为教育学术机构所要求的教师(学者)的战略性利益相关者角色和核心治理主体地位被严重遮蔽；就治理文化来看，鉴于意识形态之于社会整合的重要价值以及事业单位党政主导的内外部权力结构，大学的单位化治理更多地开展于科层文化生态甚至官僚文化当中。

(二)大学单位化治理的局限

如同作为单位的大学有别于作为教育学术机构的大学一样，大学的单位化治理也明显有别于大学的大学化治理。作为大学，尽管在现时很难重回过去的"象牙塔"，但其基本组织定位是教育学术机构，其核心使命仍是专业的教育学术使命；其在国家和社会中的合理地位是作为"第三部门"①的公共事业部门，同政府之间达成的是行政契约关系和

---

① 　王建华. 高等学校属于第三部门[J]. 教育研究，2003(10)：36-39.

合作伙伴关系，同社会和市场之间保持着合理的资源和信息交换关系，并接纳社会的合理介入和市场的适度渗透。作为现代社会的"轴心机构"和典型的利益相关者组织，现代大学的治理一般遵循多元共治的逻辑和理念，形成多元力量共同参与的治理形态和格局。当然，如同单位体制在国家和社会的现代化进程中发挥过重要的历史价值一样，大学的单位化治理也同样存在保证党的教育方针政策的有效落实、保证大学办学的社会主义方向、保障政府对高等教育的有效调控、维护高等教育秩序与公平、维系大学内部和谐关系等积极意义。不过，随着时间的推移，传统的单位体制发展到今天已暴露出越来越多的制度劣势，大学的单位化治理同样日益呈现出越来越明显的诸多局限。

在大学外部治理中，大学单位化治理所反映的政府对大学的绝对主导地位和大学对社会与市场的疏远关系，易引发大学单位对政府部门行政命令的一味服从和对权力的积极靠拢，① 使大学受制于外在的行政压力而缺乏制度建设和自主创新的动力和机会，② 从而不利于打破大学对政府的严重资源依赖和单向依附地位，不利于保障大学走向社会所需的办学自主权，以及大学同社会和市场之间的良性合作关系的建构。社会主义市场经济体制已深刻地改变了国家和社会，以及大学的外部环境条件，大学同政府、社会和市场的关系已发生了显著的调整，大学单位化治理的"亲政府、疏社会、远市场"的运行趋向和关系格局，显然难以推动现代大学法人治理体制的有效确立，保障大学面向社会的自主办学权，不能有效适应大学所置身的社会主义市场经济体制及正在发育中的公民社会。

在微观的大学内部治理层面，从大学单位化治理的逻辑与目标看，受制于大学对政府的依附地位及政府对大学的多重控制，经由大学的单位化内部治理机制，多重绩效目标考核的制度压力极易导致大学模糊自

---

① 王建华. 第三部门视野中的现代大学制度[M]. 广东高等教育出版社，2008：159.

② 朴雪涛. 论单位制度对大学组织行为的影响[J]. 辽宁教育研究，2001（12）：31-33.

身核心的组织使命,偏离核心的专业目标,从而阻碍大学的特色创建、制度创新和绩效提升。大学作为单位而产生的对政府的依附地位及被动的组织功能泛化,使大学要花费巨大的人力、物力用于非学术性事务,大量资源消耗于行政、准行政行为。① 从治理的结构、过程与文化看,大学内部治理与外部治理具有明显的同构性特征,政府对大学的绝对主导地位意味着大学在内部的治理中往往以政府部门的意志和做法为依据、为标准,继而引发党政权力占主导的内部治理环境、治理结构与治理过程,以及"强科层、弱学术"的治理文化和组织氛围,不利于保障大学教师(学者)在大学内部治理中的战略性利益相关者地位与作用。从治理的制度特征及结果看,单位体制下高等教育系统内部的有限竞争、生产要素主体之间的非契约关系、高校办学资源的不可流动性等制度特性,② 同样会深刻地影响大学的内部治理。例如,会加剧大学内部治理的封闭性和"内部人"控制格局,强化教师因不能自由流动而造成的对单位的人身依附,③ 抑制大学组织的制度创新动力,引发和催化大学组织的惰性与保守性。

再进一步聚焦大学的单位化内部治理的运行过程,不难发现:单位管理体制下上下级之间存在信息不对称,上级部门管理幅度过大,容易诱发高校内部治理中的机会主义行为和局部的"黑箱化"运作,以及组织成员基于利益动机而形成的派系结构和各种台前仪式性活动背后的"幕后解决"行动,④ 这些大学单位内部治理中的非理性行动和非制度化行为,会造成相应的组织资源配置的低效率乃至组织内部的虚耗和内耗。

---

① 朴雪涛. 论单位制度对大学组织行为的影响[J]. 辽宁教育研究,2001(12):31-33.

② 路风. 单位:一种特殊的社会组织形式[J]. 中国社会科学,1989(1):75.

③ 朴雪涛. 论单位制度对大学组织行为的影响[J]. 辽宁教育研究,2001(12):31-33.

④ 李猛,周飞舟,李康. 单位:制度化组织的内部机制[M]//中国社会科学院社会学研究所. 中国社会学(第二卷). 上海人民出版社,2003:135-167.

三、从单位化治理转向大学式治理的生态条件

大学是一种高度制度化的组织，大学的治理活动深受大学组织生态及其外部制度环境的制约。大学治理理想的实现，必须以大学超越目前的单位组织定位，回归为真正意义上的大学(教育学术机构)为制度前提和组织基础。从这个意义上讲，在单位体制的制度结构下，过分地夸大高校自身的组织能动性，低估大学作为单位组织所受到的制度性压力，并非一种实事求是、客观理性的思维和态度。但是，我们也应注意到，尽管我国的事业单位改革因其特有的复杂性目前尚滞后于政府机构改革和国有企业改革，但因单位体制所包含的推动生产力的能力逐渐达到一种极限状态，[①] 事业单位的实质性改革不仅势在必行，而且在改革时机逐步成熟的条件下正在分层分类深入推进中。近 30 年来市场化改革的深入推进和市场机制在国民经济与社会领域基础性作用的逐渐确立，非公有制经济形态和非单位化就业机构的发展，已使社会成员在职业选择、空间流动、价值观念和行为取向等诸方面获得了很大的自由，[②] 城镇居民的就业选择、从业观念和价值取向也已发生深刻的变化。在高等教育领域，民办高校的兴起及快速发展，公办院校在招生收费、组织人事、工资分配与后勤服务等领域的制度改革，市场机制在高等教育资源配置中基础性地位的持续加强，深刻地触动了包括高校在内的事业单位职工的就业观念。与此同时，国家的社会保障体系改革也在深入推进，国家对社会事业的投入亦在稳步加大。这些经济社会条件的完善，为高校等事业单位的深层次改革奠定了物质、制度与观念基础，使公办院校从"单位"向"大学"的转换、其教职员工从"单位人"向"社会人"[③]的

---

①　刘建军. 中国单位体制的构建与"革命后社会"的整合[J]. 政治学研究，2000(5)：24.

②　李汉林. 变迁中的中国单位制度[J]. 社会，2008(3)：33.

③　蒋云根. 历史性的转换：从"单位人"到"社会人"[J]. 探索与争鸣，1999(9)：21-23.

转变、大学与其成员关系从"供养型"向"契约型"的转化成为可能。可以预期的是，随着高校等事业单位改革向纵深推进，高校目前所受到的事业单位体制的约束将会有实质性的松动，高校将持续地发生趋近于教育学术机构的积极变化。由此，高校实现从单位化治理到大学化治理的范式转换，应从制度环境优化和大学组织变革两个层面来思考、规划和推动。

（一）大学外部制度环境的系统优化

整体优化大学外部单位体制的制度环境，不仅意味着整个高等教育场域的制度改造近似于一场系统化的制度革命，而且意味着具有强大权能的政府是无可替代的顶层设计者和改革推动者。在事业单位改革已进入"攻坚期"的现阶段，为塑造包括大学在内的事业单位治理体系与能力现代化所需的良好制度环境，有必要着力推进以下几项制度性变革。

一是积极稳妥地推进事业单位的社会保障体系改革，着力健全和发展社会公共服务体系。这项改革的意义在于消除事业单位职工对单位的依赖倾向，解除他们走向社会以后在下岗、医疗、养老等保障方面的后顾之忧，为包括高校在内的事业单位的深入改革夯实制度条件和社会基础，为推动高校向专业性教育学术机构的更彻底的制度性转换创造体制条件。根据2017年国家出台的事业单位分类改革方案，高校被列为公益二类事业单位。应当说，对高校的这种公益性质定位和对高等教育领域资源配置的准市场化机制设计是科学合理的。今后应当在着力做好事业单位社会保障体制改革的基础上，系统抓好高校人事制度及分配制度等其他各项改革，积极稳妥地推进高等教育事业单位的深层次改革，使高校加快组织功能分化，激活资源流动，重塑教职员工身份与角色，确保其尽快向社会释放其承载的多种非专业化功能，实现其向教育学术性专业机构更为彻底的制度化转换，为理想型大学治理体系的建设创造必要的组织制度条件。

二是进一步改革高等教育投资体制机制，积极稳妥地引入社会参与和市场机制，建立健全以政府投入为主、社会和市场为辅，政府稳健

"缓退"、社会与市场逐步"快进"的高等教育投资体制机制。通过最核心的高等教育投资体制机制的实质性变革来塑造高校办学的新的制度环境，使市场机制在高等教育资源配置中发挥更大的作用，由此牵引高校围绕资源筹措和资源配置的自主理性行动，同时以政府基于法律和契约展开的高等教育监管来加强对高校的法律和契约约束。高等教育投资体制机制的多元化变革，将极大地改变高校对政府的过度资源依赖和单向依附地位，推动高校从"政府附属物"向高等教育事业法人的复归，巩固高校面向社会和市场自主办学的法人地位和自主权力，为大学的理性治理创造基础性的组织制度条件。

从高等教育准公共产品的属性出发，积极稳妥地引入社会参与和市场机制，逐步形成政府和社会、市场多方共担的高等教育投资体制和基于高校教育学术绩效的资源竞争与获取机制，是解决目前高校等事业单位低效运作困境和政府财政负担过重困局的有效路径。当然，为防范高等教育领域的市场失灵和高校自身的治理失灵，政府有必要同步加强对高校的法治化监管和制度化约束。市场压力和政府监管的双重制度性力量，将极大地改变现行单位体制下高校"压力不大、动力不多"的生存状态，激发其办学主体意识，推动其自主发展、自我激励、自我约束，通过内涵式能力建设，最终走向自主治理和自为发展的法人化阶段。

三是在坚持党对高等教育事业全面领导的制度条件下，积极探索政府对高等教育事业的有效领导与科学管理，遏制教育行政层面的不当行政行为，杜绝政府对高校办学自主权范围内办学事务的不当干预，切实依法确认和保障高校的办学自主权。明确政府对高校的专业机构定位和办学绩效期待，在政府和高校之间的行政法律关系中引入契约关系，以遏制政府的"行政主权"冲动，破解高校的行政依附地位，进而确保双方各自的权利义务和彼此间的合作关系。在《高等教育法》的法律框架下，进一步推动高等教育领域的"放管服"改革，在高校和政府、社会的互动关系中引入契约机制，以契约关系取代高校传统的单位身份关系。试行政府高等教育行政权力清单制和对高校办学绩效考核指标清制，引入独立、权威的第三方专业机构进行专业评估，引导高校建立健全办学信息公开机制，以高等教育评估机制和监管问责机制等外部制度压力，引导和倒逼高校聚焦教育学术主业，加强专业机构定位和内部治理效能，以优良的办学业绩回应政府与社会的问责诉求。

四是基于教育家办学的核心理念，通过高校领导团队公开选拔基础上的组织任命、高校行政管理人员教育职员制的坚决落实、高校内部管理人员和学术人员相对区分的分类任用机制，以及对学校领导管理团队办学治校绩效评估的社会参与等组织人事机制的更新，来为高校选优配强行政管理和学术管理队伍，加大高校的依法治校力度，破除学校内部过于行政化的治理和管理，遏制内部运作中的派系结构和"幕后行动"，激活高校的管理活力和教育学术生产力，实现高校内部组织与文化生态的自我矫正、自我复位和自我维持，进而为大学治理理想的实现奠定组织条件。

（二）大学组织生态的自我革新

伴随着事业单位改革而触发的高等教育制度环境的进一步优化，可望为高校从单位向大学的组织还原和大学治理向其理想类型的整体转换创造有利的制度环境条件。我国大学的治理形态有望从单位化治理逐步走向大学化治理，实现从相对封闭型到更加开放型、从党政主导型到多元共治型、从多元功能取向到教育学术取向等多重制度转变。当然，这种良好的预期并不能自动实现，而是有赖于高校的自我革新意识、积极主动担当和科学有效作为。

首先，大学须努力确立起自身的核心组织使命——教育学术使命，并以此作为组织的灵魂，来统摄其由"单位"向大学的组织还原，以及其治理行动由单位化治理向大学化治理的形态转换。在大学里，是价值决定理念，理念决定制度。① 大学治理的现代化，以及大学教育学术生产力的发挥，从根本上取决于大学所秉持的理念、所具备的精神和所培

---

① 龚怡祖. 现代大学治理结构：真实命题及中国语境[J]. 公共管理学报，2008(4)：71.

植的文化。事业单位改革的深入推进，单位体制对高校的制度松绑，恰恰为高校实现教育学术价值的重彰和大学精神文化的重塑提供了难得的契机。大学的教育学术价值与使命，是大学前所未有地走进社会和市场，应对复杂外部环境的"定盘星"，是确保大学在复杂外部环境中以教育学术为主阵地、兼顾履行社会责任的"压舱石"，也是规范和保障大学治理保持正确方向、不误入歧途的"指南针"。

其次，大学要充分依法行使自身的法人身份与办学权能，在契约关系的基础上重建以教育学术为核心使命的利益相关者组织的治理能力，将各利益相关方分散的利益转化为组织共同利益，将各方独立的意志转化为组织共同意志，据以形成组织的整体目标、意志与利益，形成组织内部的价值共识、行动规则、集体秩序和共同体的凝聚力、战斗力。同时，在内部制度调整的基础上优化内部治理结构，以现代社会的法治理念和多元共治的机制来加强组织内部的民主协商，激活大学内部的活力与创造力，进而在确保组织健康的基础上，激发大学的法人意识和自主精神，面向社会和市场自主办学，根据行业态势进行战略选择，并从自身的办学目标出发，以战略思维和目标指向推进大学的治理，使大学的有效治理为办学的战略目标服务，实现大学善治对成功办学的推动和保障作用。

再次，大学应充分利用社会主义法治建设深入推进、国家治理体系和治理能力现代化的社会条件，加快自身的依法治校步伐，提升大学治理的制度化水平。大学不妨在落实大学章程和完善内部规章体系的过程中，加快完善大学治理结构，加强培植法治意识、共同体意识和治理文化，实现大学治理的法治化，并遵循法治精神、契约精神、理性精神、民主意识和教育学术本位来开展制度化的治理行动，通过组织观念更新、制度重构和文化调整将组织成员的责任意识、权利观念和个人利益密切结合起来，① 克服传统单位组织中"权利、责任和义务模糊"②的制

---

① 曹锦清，陈中亚. 走出"理想"城堡——中国"单位"现象研究［M］. 海天出版社，1997：216.

② 李汉林. 转型社会中的整合与控制——关于中国单位制度变迁的思考［J］. 吉林大学社会科学学报，2007(4)：49.

度性弊端，通过契约关系、协商民主和科层机制形成明确的组织内部"游戏规则"(包括分配规则)，尽力消除传统单位组织中因治理规则短缺而造成的"派系结构"和"幕后行动"等非制度化行为，同时谋求党委集体领导、校长分工负责、教授治学并参与治校和社会合理介入的有机统一，组织治理、学术治理和事务治理之间的有效协同，以及实现行政与学术、学校与学院之间的微妙平衡，以提高组织运行和内部治理的透明度与有效性，降低组织运行的虚耗与内耗，提升组织运行效率和治理效能。

最后，大学还有必要借助制度创新来实现内外部治理的有效连接，通过大学治理结构与机制上的创新来融合大学的内部与外部治理，以打破传统单位组织的相对封闭特性和组织惯性，推动和保障大学办学的特色化、开放化、市场化。大学是现代社会的公共机构，可视为现代社会的"第三部门"，尽管其运行和治理相对独立于政府，却仍然攸关国家和社会的公共利益，因而必须借助治理结构与机制的某种"内外贯通"来实现外部社会与市场信息向大学决策过程的有效流动，促成社会与市场力量向大学决策领域的合理渗透，防范大学落入"内部人控制"的窠臼，维系大学在内外部诸种变化中的力量平衡。对于大学治理而言，维系力量平衡的关键在于：一是平衡大学与政府、市场、社会的利益关系，二是平衡学术与政治、经济、法律的价值关系，三是平衡大学内部各种力量(特别是行政系统与学术系统)的权力关系，用一个较为和谐的共同目标去取代角力和纷争，使大学重新找回自己的重心，恢复其应有的绩效能力。①

---

① 龚怡祖. 大学治理结构：建立大学变化中的力量平衡[J]. 高等教育研究，2010(12)：51-52.

第三章　大学内部治理的系统优化

大学治理是大学内外部诸利益相关者对大学重要事务做出决策的结构和过程，其要旨在于综合考虑各利益相关方的价值主张与利益诉求，通过各方之间的对话、互动和博弈，从大学的教育学术使命和公共利益责任出发，实现各方的价值与利益整合，达成最终决策共识，进而确定大学重要事务的决策方案和后续的行动方向。可见，相对于大学管理，大学治理是更为上位的概念。大学治理提供大学运行的方向，规范大学的权力与责任系统，[①] 注重大学内外部的结合和大学中长期的战略规划，在总体上规定大学的基本架构，确保管理处于正确轨道即负责制定正确的政策和程序以保证机构正常合理运转。[②] 按治理行动的相对空间划分，大学治理可分为外部治理和内部治理，二者相互影响、相互作用。大学外部治理所调整的大学与政府、社会和市场之间的关系，客观上构成大学运行、内部治理和教育学术活动开展的重要环境条件。大学外部主体对大学治理的介入，旨在确保大学在坚持自主办学、学术自治的同时，能密切关注和有效回应国家、社会和市场对大学的合理需求，避免大学陷入"内部人"控制的泥沼及极易由此诱发的保守性和惰性，坚持和彰显大学作为现代社会"轴心机构"而应保持的公共品性。大学内部治理则是在大学外部治理所确定的大学与政府、社会和市场的关系框架内，由大学的领导团队、行政权力机构、学术力量乃至学生等内部

---

① 陈娴，顾建民. 大学治理与大学管理的概念辨析：西方学者的观点[J]. 高教探索，2017(4)：48-52.

② 陈娴，顾建民. 大学治理与大学管理的概念辨析：西方学者的观点[J]. 高教探索，2017(4)：48-52.

利益相关者围绕大学重要事务的决策而进行的互动过程。就制度性功能而言，大学内部治理影响着大学内部权责系统、核心利益相关者的关系框架和大学组织的战略方向与重心等，构成大学教育学术活动的组织生态，更加直接地影响着大学教育学术生产力的发挥。

　　无论是在理论还是实践层面，科学的大学治理尤其大学内部治理对大学绩效具有重要影响。究其机理，在于大学治理结构和治理机制所具有的统合多元利益相关者、整合多元价值与利益的制度功能。如同大学外部治理旨在塑造大学与政府、社会和市场之间的良好关系，从大学外部获取多方支持和多种资源一样，大学内部治理同样是为追求大学内部领导层、管理人员、教职员工和学生等各内部利益相关方之间的价值与利益整合，增强和提升组织的凝聚力、执行力和创造力，进而创造更加突出的教育学术生产力。现代大学治理越来越遵循多元共治的理念和路向，在大学内部日渐倚重行政权力和学术权力之间的共同治理。有西方学者在借鉴现代公司治理经验的基础上，从大学组织使命与功能的实际出发，将西方大学内部治理架构界定为包含学术治理、事务治理和组织治理三维一体的整合式治理。① 在这种整合式治理模式下，大学内部治理以学术治理为内核，通过学术治理追求大学教育与学术活动的创造力、品质、影响力和声誉；以事务治理为中介，追求大学组织的绩效，尤其是良好的财务状况和高效的资源利用；以组织治理为保障，追求大学组织同其使命与战略的一致性，即大学组织相对于其使命与战略而言的负责任、可靠性和资源的保障。② 这种整合式大学治理模式的概括，直观地揭示了大学内部治理各部分及整体的制度功能，具有重要的借鉴意义。

　　我国的教育事业应坚持党的领导，坚持社会主义办学方向。在高等教育事业中，作为主体的公立高校实行学校党委领导下的校长负责制。

---

　　① Carnegie G D, J Tuck. *Understanding the ABC of University Governance* [J]. Australian Journal of Public Administration, 2010, 69(4): 431-441.

　　② Carnegie G D, J Tuck. *Understanding the ABC of University Governance* [J]. Australian Journal of Public Administration, 2010, 69(4): 431-441.

相应地，高校的内部治理架构，可以描述为党委领导、校长负责、教授治学、民主管理。在高校的内部治理领域，同样存在一个类似的三维结构，即党委领导、校长治校和教授治学。当然，必须指出，从大学内部三种主要治理主体及其权责关系来看，这种三维内部治理结构构成一种以党委领导为核心、校长治校为统领、教授治学为支撑的复杂内部治理结构。考察大学内部治理的相关问题，必须从认识和把握这种特殊的中国大学内部治理结构出发，深刻认识党委领导、校长治校和教授治学三者各自的制度功能，并在此基础上以系统论的观点和方法来把握三者之间的紧密联系。

第一节　高校党委的领导权责及其实现

党委领导下的校长负责制是我国公办高校的领导体制，也是目前我国高校内部治理结构框架的基础，是必须维护和坚持的。① 公办高校的这种领导体制，是高校坚持社会主义办学方向的根本性制度保障，其核心制度意涵是学校党委对学校工作实行全面领导，承担管党治党、办学治校的主体责任。② 高校党委领导下的校长负责制，已为《高等教育法》等基本法律所确认，当然也要结合实际，依据高校的组织属性和特点，从具体制度层面予以不断改进和完善。高校党委作为学校最高领导机构，承担办学治校主体责任，其领导权责在实践中如何精准界定、有效实现，党委领导如何同校长负责、教授治学有效协同和整合，关系着高校内部治理的科学运行和办学治校的有效开展，是公立高校内部治理规范化、制度化、科学化的关键问题。

2014 年 10 月，中共中央办公厅印发了《关于坚持和完善普通高等学校党委领导下的校长负责制的实施意见》(以下简称《意见》)，就党委

---

① 张应强, 蒋华林. 关于中国特色现代大学制度的理论认识[J]. 教育研究, 2013(11)：35-43.

② 曹国永. 把管党治党、办学治校主体责任扛在肩上[N], 光明日报, 2017-09-20.

如何集体领导、校长如何主持行政工作、党政议事决策制度及党政之间的协调运行机制等关键问题做出了更加明确的规定，可谓高校领导体制在具体制度层面的进一步明确、丰富和完善。有鉴于此，不妨以此政策文件为考察中心，从大学内部治理科学化的视角出发，就高校党委的领导权责界定与拓展、党委的组建方式及党委的履职尽责等关键问题作进一步的探讨，以期为推进高校内部治理的现代化提供更可靠的理论指导。

一、高校党委领导权责的必要拓展与理论界说

高校党委领导下的校长负责制，虽然在理论上存在着"党委决策、校长执行"的总体权责分工，但因长期存在的党委和校长权责界限的模糊性问题，在实践中仍然较易引发"领导的不负责，负责的不领导"倾向，以及因党委、行政"一头大"局面而产生的"以党代政"或"党虚政实"等问题。① 有鉴于此，为从源头处解决问题，似应将党委和校长两个权力中心的各自权责予以廓清，合理划分，清晰界定，努力实现二者权责配置的相对均衡。

（一）高校党委权责范围的必要拓展

《意见》概括了高校党委的职权职责，包括履行党章等规定的职责、把握学校发展方向、决定学校重大问题、监督重大决议执行、支持校长独立行使职权、保证学校各项工作完成等。在概述之后，还进一步将党委的职责权限分条陈述为十条，主要包括：贯彻党的路线方针政策、贯彻执行党的教育方针、坚持社会主义办学方向，讨论决定学校四类重大事项及基本管理制度，党管干部，党管人才，领导学校思想政治工作和德育工作，加强大学文化建设，领导基层党组织、加强党的建设，领导

---

① 王海. 论新形势下坚持和完善党委领导下的校长负责制[J]. 广东技术师范学院学报，2003（1）：102-106.

学校党的纪检工作、加强党风廉政建设，领导群众组织和教代会、做好统战工作，以及讨论决定事关师生员工利益等重要事项。对比《高等教育法》中关于党委职权的相关规定，《意见》明确和拓展了党委的职责权限，强调了"党管干部""党管人才"以及领导学校党的纪检工作、领导工、青、学等群众组织与教代会的职责，尤其是新赋予了党委一项重大权责：加强大学文化建设，发挥文化育人作用，培育良好校风学风教风，可谓党委权责界定上的一大突破。毋庸置疑，强调党委对学校文化建设的领导与落实责任，既是党委履行政治建设、思想建设、作风建设等"党建"职能的客观要求与合理延伸，又高度契合高等院校的文化属性及其文化传承创新使命。高校是一个教书育人、发展学术的文化性机构，无论是其教育与学术生产力的发挥，还是传承、创新和引领文化发展的使命，都离不开大学的文化建设这一根本性的工作。作为高校的领导核心，学校党委显然不仅自身应具备突出的文化领导力，而且应本着权责对等的原则承担"领导"好高校文化建设(具体表现为校风教风学风等)的重要职责。因此，对于《意见》文本突出高校党委"加强大学文化建设，发挥文化育人作用，培育良好校风教风学风"的新主张，笔者高度认同。但颇值得思量的是，若仔细考察和《意见》近乎在同一时间核准后生效的北京大学、清华大学两所国内顶尖大学的大学章程文本，会发现其章程文本有关大学党委职责的描述，并未及时增补高校党委对大学文化建设的领导权责。这其中固然有两校章程文本的提交时间早于《意见》文本正式发布时间等技术性原因，却也能从一个侧面说明高校党委在自身职责权限认知问题上的相对保守性，即恪守上级党委相关政策文件规定而"不敢越雷池一步"的保守倾向。当然，在党委的领导权责问题上，《意见》文本似乎仍有完善的空间。譬如，既然《意见》前所未有地将"加强大学文化建设"作为党委的重要权责，那似乎就没有理由忽视与大学文化建设密切相关且近乎同等重要的大学制度建设。因为现在的大学早已从早期的"学术共同体"发展为一个规模庞大、构成复杂、高度分化的"巨型大学"，固然需要有文化整合机制来形成组织的共同使命、愿景、战略和凝聚力，亦需要借助制度体系的规范功能来实现和维持组织的整体性、运行秩序和效率，并且，体现着特定价值诉求和价值取向的大学文化，也需要通过与之契合的制度体系来固化和伸张，更有必要强调的是，当前中国大学正面临着完善大学治理结构、建设现代大学制度的改革重任，在大学改革存在着明显的行政路径依赖惯性下，大学外部的政府和大学内部的党委，恐怕仍是大学推动各项改革任务所不可或缺亦责无旁贷的"激活器"和"主心骨"。换言之，在当前高校努力建设中国特色现代大学制度的现实语境下，制度建设既然是制约大学改革和发展的根本性问题，它自然应和文化建设一样，构成高校党委领导权责的重要内容。

党委作为高校的领导核心，传统上是从高校的组织边界和领导管理层面来认识和把握的。但在大学迈向多元共治的时代潮流和发展趋势下，还应从高校党委作为大学治理体系的核心构成部分这一视角来看待和拓展高校党委权责。依传统看法，以高校的组织边界为限，高校党委的领导权责通常被概括为"总揽全局、协调各方"，但若从现今大学共同治理的视野来看，高校党委的领导权责事实上又不可完全局限于大学组织边界之内，因为高校党委还须从整个高等教育系统这一场域出发，从国家高等教育事业发展的高度来把握其对所在高校的领导工作，从更高的高度、更广的视野、更宽的边界来领导高校及总揽全局。我国古代"不谋全局者，不足谋一域"的战略管理哲学与智慧，现今仍适用于高校党委对所在高校的统筹领导与战略管理。同理，从大学治理的层面来看待高校党委的"协调各方"，其内涵自然就更为丰富：传统上高校党委协调的"各方"，无疑是指高校内部的党、政、学等三大板块，涵盖高校的领导者、管理者、教职员工和学生；而大学共治视野下高校党委协调的各方，除大学组织内部的以上各方外，还应扩展至包括上级党委和政府部门、作为学校办学合作伙伴的企事业单位或社会组织、各种高教中介组织、学校所在社区、社会捐助者、校友及学生家长等高校办学的诸多利益相关者。简言之，在大学共治时代，高校党委领导功能的定位应该修正为"着眼场域、总揽全局、沟通内外、连接上下、整合各方"。由此，高校党委的领导权自然应当包括促进高校更好地办学的统筹权，其领导职责亦应涵盖统筹考虑学校办学的战略性问题、沟通上级党委与政府、沟通基层组织与师生、连接校内与校外力量、团结党内与党外人士、联络学校办学的各利益相关方及整合来自各方面的正能量与有效信息等。遗憾的是，从国内已正式公布的各高校大学章程文本来看，各高校基本上都是按上级党委的相关政策文本来"套搬"、描述学校党委的权责，鲜有"与时俱进"、突破常规、体现个性的界定或表述，当然也罕有从大学治理角度来"增补"学校党委权责的案例。

(二)高校党委领导权责的理论界说

依据《高等教育法》、党章及《意见》文本，并结合大学共治对大学领导的客观要求，高校党委的职权似应包括以下几项：一是统筹与整合权，在开门、开放办学的条件下，高校党委应按"着眼场域、总揽全局、沟通内外、连接上下、整合各方"的领导思路与原则，对学校有效办学的诸多战略问题进行深入调研、通盘考虑和整体规划，通过相关的决议对学校办学的重大行动进行统一指挥，支持校长独立地行使职权，对来自校内校外、党内党外的积极力量和有效资源予以全面整合。二是领导权，除统一领导学校工作(包括行政、学术工作)外，还包括重点领导学校的思想政治工作和德育工作，领导学校院系基层党组织，领导学校党的纪检工作，领导学校工、青、学等群众组织和教代会，以及大学共治所要求的对校外诸利益相关方的联络沟通及对其人员、资源、能量与信息的整合等。三是决策权，即讨论决定事关学校改革发展稳定及教学、科研、行政管理中的重大事项和基本管理制度，讨论决定学校人才工作规划和重大人才政策，讨论决定其他事关师生员工切身利益的重要事项，以及讨论决定有关学校与办学战略利益相关方的关系协调与能量整合事项等。四是管理权，如创新人才工作体制机制，优化人才成长环境，统筹推进学校各类人才队伍建设，加强大学文化建设与制度建设，强化与学校办学战略利益相关方关系的战略管理等。五是组织人事权，即负责干部的选拔、教育、培养、考核和监督，讨论决定学校内部组织机构的设置及其负责人的人选，依照有关程序推荐校级领导干部和后备干部人选等。六是纪检权(通常由党委纪委掌握),即对党员领导干部的廉政情况开展纪律检查直至追究党纪责任。七是监督权,即监督学校行政团队或下级党组织对党委决策落实和执行的情况,也有高校如北京大学,在党委纪委之外,另行设置了独立的、成员来源多元化的监察委员会来行使监察职权。

　　传统上,高校党委的领导权习惯于被理解为决策权,高校党委领导之具体作为的"能见度"范围一般设定为抓学校重大事务或问题的决策,抓学校的党组织建设和思想政治教育工作,管党员领导干部与纪检工作等。应当说,这种认知和行为定势实际上是有失偏颇的。"领导权"是一项相对抽象的职权,当然要通过决策权这一具体的职权来体现和保障,但领导权却不应简单地等同于决策权。例如,通常所说的党委的人事权,实际上就包含由党委行使的人事决策权及通过其职能部门——党委组织部来行使的人事管理权。由于干部人事工作对于党的组织建设而言至关重要,所以党委除拥有人事决策权外,还需要借助党委组织部门来直接行使人事管理权。可见,在党委负有重大领导权责的事务范围内,党委不仅拥有一般意义上的、相对抽象的领导权,而且还可以拥有决策权、管理权之类相对具体的领导权。与此类似,"党管党建""党管干部""党管人才""党管文化(建设)""党管制度(建设)"等,都在客观上要求高校党委在实际工作中除行使相关领域的决策权外,还应行使相应的管理权。只不过,"管人才""管文化(建设)"和"管制度(建设)"等,可能会在实践中构成党、政两大系统在管理对象和功能上的重叠。但在同一领域,党、政管理的基本分工应该是:党委系统管"大事""大局",行政系统管"常规(事务)""管具体(事务)",二者之间是主次(轻重)有别、上位和下位关系分明的分工合作关系。此外,党委与校长之间"党委领导、校长负责"的决策与执行权责分工,还意味着应强调"党委须有执行监督权,校长须有决策执行力",即由党委掌控最高层次的对学校决策的执行监督权,监督校长领衔的行政系统是否对党委的决策进行了全面、及时、有力、有效的落实。这既是高校党政分别负责决策与执行的职权分工的题中应有之义,又是党委有效领导、校长切实负责的内在要求。

应当强调的是，无论是在理论上，还是在实践中，认识、界定和把握党委的领导权责，都不能脱离校长领衔的行政团队乃至以基层学术组织为主体的学术系统来"就事论事"，否则会陷入"只见树木、不见森林"的误区。正确的做法是，应当从高校内部治理的基本框架——党委领导、校长治校、教授治学①这样一个有机的整体来认识和把握高校党委的领导权责。不仅如此，随着中国大学由行政主导向大学共治的治理转型，高校党委作为大学治理体系的核心节点乃至"枢纽"，客观上还肩负着"着眼场域、总揽全局、沟通内外、连接上下、整合各方"的重大权责。如此，高校党委权责的作用空间，已经不再仅仅限于大学组织的传统边界和大学领导与管理的传统层面了。换言之，高校党委不仅仅是传统的大学核心领导者与决策者、战略管理者，大学校长独立履职的支持保障者和大学学术自由的坚定维护者，而且是同上级党委与政府部门的关键沟通者、大学基层组织诉求的吸纳与汇集者、大学内部治理的顶层设计者与驱动者，以及大学诸利益相关方的联系与整合者。

二、高校党委领导班子的遴选组建及党委集体领导职权的行使

高校党委领导下的校长负责制，首先强调的是高校党委在学校中的领导核心地位及其对学校工作统一领导的职权职责。党委领导的实际效能如何，既相当程度上取决于党委组织本身的"战斗力"，又取决于党委领导职权的行使方式与运行机制。

(一) 高校党委领导班子的产生方式及其代表性的提升

根据中国共产党的组织原则和组织体制，高校党委一般是指高校党

---

① 张应强，蒋华林. 关于中国特色现代大学制度的理论认识[J]. 教育研究，2013(11)：35-43.

的委员会全体会议(简称"全委会"),它由高校党员大会(党员代表大会)选举产生,实行任期制(任期五年)。在党员大会(党员代表大会)闭会期间,它是高校的最高领导机构,统一领导学校工作。对于党委全委会的人数,《意见》首次予以了明确:设常委会的高校党委一般设委员15人至31人,不设常委会的高校党委则一般设委员7人至11人。在人员组成方面,前一种情况下要求委员中除校级领导干部外,还应有院(系)、党政工作部门负责人及师生员工代表;后一种情况则要求委员中除校级领导干部外,还可有院(系)和党政工作部门负责人代表。

在党委全委会之外,经上级党组织批准,规模较大、党员人数较多的高等学校党的委员会可设立党委常务委员会(简称"常委会"),其委员(即党委常委)通常由党委全体会议选举产生,同样实行任期制。党委常委会主持党委经常工作,负责召集党委全委会并确定会议议题。

应当说,《意见》明确高校党委全委会和常委会的成员人数和人员组成,有利于高校党组织的规范化建设和运作,具有重要的实践意义。但这个环节存在的问题除党委常委会成员产生方式("党章"及党的相关政策规定成员应由选举产生,但实践中往往是上级党的组织部门直接任命)外,还有党委全委会及常委会成员的来源及代表性问题。学校党委是高校的最高领导机构,权力责任重大,选好其核心成员关系重大;同时,高校的教育与学术生产力仰赖于"组织底部"的学院(系)和教师,其最高领导机构的核心成员无疑应具有较广泛的代表性。如此,党委全委会和常委会的人数限制及其成员来源的多元化与代表性之间可能产生内在冲突。依高校现行的领导职数配属常态,校级领导干部通常有7~10名(副部级高校领导职数更多),中层党政工作部门正职负责人亦有十几人甚至二三十人,再考虑到师生员工代表应占到一定的比例,若按《意见》规定实践下来,将难免不会出现校级领导(除个别非党员的校领导外)全部都当选、中层党政领导干部争夺"白热化"、师生员工代表"边缘化"的结果。至于总人数仅7~11人的党委常委会,通常绝大多数是党员的校级领导干部按规定"进入"之后就已基本饱和,不大可能有多余的席位空缺来保障基层代表的加入和常委团队的代表性。显然,党委核心成员的这种分布结构难以体现党委核心成员的代表性，亦会影响到党委决策的科学化与民主化。颇有意思的是，尽管高校党委在高校组织体系中的地位与作用极大，但对于诸如党委常委会成员来源、代表性及不同来源成员的人数限制等核心问题，国内高校大学章程中鲜有明确规定，而对于事实上地位和作用"稍逊一筹"的学术委员会，不少大学却都明确按教育部发布的《高等学校学术委员会规程》的文件精神予以明文规定，确定了校长及担任党政职务的委员的人数或比例上限。这似乎更加凸显出一点：高校党委核心决策机构成员的来源及代表性问题，关乎学校党委领导班子的正规化建设及其领导效能，有必要予以高度重视。

就其在大学组织中的地位与功能来看，在对学校办学的方向把握、统筹领导、重大事务决策、对外沟通与整合、监管和考评校长等方面，我国高校的党委与西方大学的董事会或理事会①(二者同为高校最高领导与决策机构)有些近似。而后者不仅其成员人数在大学章程中有明确的规定，而且其名额的分配亦有明确安排。故我国高校党委核心成员名额的配置，似应采取这种思路和做法。不仅如此，为彰显高校"学术本位"的组织属性和"底部沉重"的组织特性，遏制日渐加剧的行政化倾向，似有必要将高校校级和中层党政管理干部的总人数限制在一半左右，以保障来自学院(系)的负责人与教师代表、校内职员代表及学生代表大体获得另外半数席位。对于党委常委会，其常委名额可按上限11名设置，除党委书记、专职副书记、纪委书记外，校长(一般为党委副书记)及1~2名副校长进入常委班子，其余的5~6个常委名额来自院(系)、党政工作部门负责人及教职员工代表(教职员工代表作为党委常委的来源，在《意见》中并未提及，但笔者以为不妥，特在此处予以

---

① 国外大学的理事会，通常是董事会的另一种称谓，它和董事会一样，一般是高校的最高领导与决策机构；而依据我国教育部发布的《普通高等学校理事会规程(试行)》，国内部分高校近年来积极组建的学校理事会，则是由高校办学相关方面代表参加、支持学校发展的咨询、协商、审议与监督机构，其在性质、地位、职权和作用等方面均同国外大学的理事会有着本质的区别。

强调），而且，为体现高校的组织特性，似应保证来自院（系）的教师代表应占 2~3 名，职员代表至少 1 名。此外，从大学共治的要求来看，为加强高校与社会的沟通与整合、促进高校对社会需求的响应、避免大学陷入"内部人"控制的危机、督促高校对社会责任的切实履行，似应积极尝试通过社会公开推荐或遴选、由上级党委组织部门审查并推荐、经高校党代会或党委全委会考察通过等程序，产生一定数量的、来自校外的、类似现代公司制中"独立董事"的专家型党委常委会成员，以进一步完善高校党委常委会的人员构成及代表性。

（二）党委集体领导的实现方式

《意见》对高校"党委领导"内涵的阐释，尤其强调"高校党委作为学校的领导核心，统一领导学校工作"。展开来讲，实际上主要强调三个关键点：一是高校党委所领导的是学校的全部工作（而校长除组织开展常规性的教学与科研活动外，其负责的主要是其中的行政管理工作），校长（一般担任党委常委、副书记的党内职务）主持校政工作本身亦可视为学校党委统一领导学校全部工作的一个侧面。不仅如此，根据党委管领导和决策、校长负责落实和执行的党政分工，校长职权行使、职责履行的好坏将直接影响到党委的实际领导效能及其负责的学校各项工作的完成情况。二是高校党委除负责党建工作、人才工作、文化建设等管理事务外，其职能重心在于行使重大事项的决策权，即有关学校改革发展稳定及教学、科研、行政管理中的重大事项和基本管理制度等方面的决策。当然，监督学校行政及下级党组织对党委决策的执行和落实情况，亦是其重要职能（监督职能）。三是高校党委对学校全部工作的统一领导是通过集体领导（而非党委书记个人领导）的方式来实现的，即学校党委作为一个高度团结、富有战斗力的领导核心和组织整体，来统一领导学校的全部工作。高校党委对学校工作的集体领导，突出地体现在对学校重大事务的集体决策上，即按照集体领导、民主集中、个别酝酿、会议决定的原则，由党委集体讨论、共同研究并做出决定。决策完成后领导班子成员分头负责落实，学校行政认真落实和执行党委决策。

这样，党委在集体领导的同时就顺畅地实现了和班子成员个人分工负责的结合，以及和行政执行的有机结合。

从组织性质来看，高校党委是一种典型的委员会制组织，其对学校工作的统一领导和集体决策都要通过会议的方式来实现。这意味着，高校在定期召开党员大会(党员代表大会)并经选举产生具有合法性的党委全委会，党委全委会定期召开并选举产生具有合法性的党委常委会后，党委全委会就成为学校的最高领导机构，党委常委会就成为学校党委的常设性机构(负责党委经常性工作)。故此，二者须在职责权限上有清晰的界定。《意见》对党委全委会和党委常委会的权责及运作予以了明确，具有重要的进步意义。在职权方面，高校党委全委会主要就"三大方面"(事关学校改革发展稳定、师生员工切身利益及党的建设)的全局性重大问题做出决策，并听取和审议常委会工作报告、纪委工作报告；而党委常委会则是对学校改革发展稳定和教学、科研、行政管理及党的建设等方面的重要事项做出决定，按照干部管理权限和有关程序推荐、提名、决定任免干部。可见，党委全委会和常委会的决策事务范围虽有一定重叠(关系学校改革发展稳定的重大事务)，但仍具有明显的区别，且决策议题在性质上具有明显差异(前者为全局性的重大问题，后者为非全局性的重大问题)。而且，重要职务的人事任免权主要由党委常委会行使。具体到会议的运行规程上，二者大同小异：党委全委会须有三分之二以上委员到会方可召开，表决事项时以超过应到会委员人数的半数同意为通过；而常委会一般须有半数以上常委到会方可召开(讨论干部任免等重要事项时则须有三分之二以上常委到会方可)，表决事项时同样为过半数者同意为通过。但值得肯定的是，《意见》明确规定了两类会议的召开条件和决策通过的技术性要求，这对于党委领导机构的规范化运行具有重要的实际意义。联系国内高校的大学章程文本来看，大多数高校章程文本中对党委领导权责实现方式的规定都相当抽象、简洁，其篇幅远低于对党委职责的描述。这似乎印证了我国大学在制度建设方面长期存在的"重实体(规则)、轻程序(规则)"的倾向。然而，若相关的程序性规则不明确、不完备，往往会影响到高校党委运行的实际效能。

须特别指出的是，党委在集体领导(学校工作)的同时还强调班子成员中的个人分工负责。这种分工负责除党委管决策、行政管执行这一总体性的党、政分工外，事实上可分为以下两种情形：一是在学校党委面临繁重的领导工作任务时，可经党委会讨论决定，让党委常委确定各自的负责事项或领域，常委们在各自分管负责的事务范围内分头行动，并以其工作绩效对党委集体负责；二是党委常委一般可担任党务工作部门(如党委办公室、组织部、宣传部、统战部等)的负责人(经党委研究决定并任命)，或者担任学校行政部门(如教务处、人事处、科研处等)的负责人(经校长提议、党委考察后由校长任命)，分工负责意味着常委依托其领导的党政工作部门，开展与其职责所对应的某一领域的工作。事实上，高校内部通常设置有党、政两套领导机构及两套组织机构(尽管前者的规模通常不如后者大)，学校一级党组织还领导着各二级学院(系)层级的基层党组织。这意味着，在领导职责之外还赋予学校党委以某些重要领域或事务的管理职责(如"管人才工作""管文化建设""管制度建设"等)，党委仍然有履行这些管理职责的组织基础和资源保障。

此外，在党委的领导方式及运作问题上，不得不强调党委书记这一特殊职务的角色与职能。党委书记之于党委，最形象的比方当属"小班子(党委)"的"班长"，他负责主持党委全面工作。党委书记是学校党委的主持者(通俗地讲就是"牵头人")，它负责组织党委重大活动，协调党委领导班子成员工作，督促检查党委决议的贯彻落实，主动协调党委与校长之间的工作关系。须强调的是，在党的委员会里，党委书记与其他委员是平等关系，而不是上下级关系。① 在党委的集体决策过程中，党委书记的表决权、投票权和其他成员并无二致，尽管其可以通过合理的途径影响其他人在决策议题上的意见或看法。相对而论，若论党委书

---

① 李胜利. 对党委领导下的校长负责制的几点思考[J]. 中国高等教育，2011(5)：17.

记相对个人化的特殊职权，无疑在于其所拥有的党委常委会召集权和议题的确定权（议题经学校领导班子提出后由党委书记确定）。鉴于我国高校党委在实际运行中常出现的个人专断化甚至"独裁化"倾向，《意见》对党委书记职务角色的明确规定具有重要的现实针对性和实践价值。当然，就党委书记的职责而言，根据这一政治性职务的题中之义，应当强调其在党风廉政建设方面的政治领导责任和学校重大事务决策上的工作领导责任，前者是在党委核心成员发生违反党纪或国法的情形下，党委书记负有不可推卸的政治责任，严重时甚至可追究其领导责任；① 后者是指高校在重大事项或问题的决策上发生重大失误并产生严重后果时，党委书记作为学校党委领导班子的"一班之长"，应当承担相应的领导责任。同样联系国内高校的大学章程文本来看，同高校党委书记"位高权重"（无论是在制度设计上还是在制度实践中）的实际存在明显落差的是，各校大学章程文本中罕有关于高校党委书记这一核心领导职务法定权责及履职方式的相关规定。这种情况除凸显出国内高校大学章程文本的高度"格式化"倾向外，亦可能会为实践中高校党委书记履职过程中的权力失范行为预留制度空间。

三、高校党委领导职责的界定及问责

高校党委对学校工作进行统一领导，自然也意味着其对学校各项工作的开展及效能承担最终责任。因此，在强调高校党委领导职权及其行使的同时，也必须强调其相应职责的履行及必要的问责追责。

（一）高校党委的领导职责

依据《现代汉语词典》的解释，"职权"强调的是"职务以内的权

---

① 这种学理常识有时候与现实政治生活恰恰相反，比如，党委书记在其副职发生贪腐问题时丝毫未被追究政治责任（领导责任），甚至有时还利用职权和权术拿副职来当"替罪羊"。无疑，这种现象应予以矫正，以促进高校党委的规范化运作，建立和落实党委的政治责任追究机制。

力"，"职责"强调的是"基于某职务而应尽的责任"。可见，尽管二者关联甚密，但其内涵是不同的：前者强调的是权力，赋予行动主体的是支配性行事的权能；后者强调的是责任，赋予行动者的是与权利相对应的应尽义务及不能履责后的否定性后果。从高校治理和管理的角度看，职权职责应是对等的，权利和义务应是统一的。学校党委既然拥有统一领导高校各项工作的重大职权，自然须肩负对学校各项工作的最终责任。从高校党委领导工作的实际来看，厘清高校党委的职责亦具有重要的意义，至少有助于规范学校党委职权的行使和督促学校党委职责的履行，防止党委领导行为的"滥权"和领导责任的"缺位"。不仅如此，传统上对高校党委"管大事、管方向、管决策"的简单认识(并非不正确)，极易走进党委只有"总揽全局、决策大事、把握方向"而不负责管理具体事务或具体领域的认识与实践误区，导致学校党委在高校的领导管理实践中出现在决策权力上"大权独揽"、在负责事务上"避实就虚"、在事务管理上"直接放手(给学校行政)"、在责任承担上"推卸干净(给学校行政)"等不良倾向的产生(即所谓的"领导的不负责"现象)。

　　以文本分析的方式来考察，《意见》所列十条事实上亦可视为高校党委的职责范围。从党委职责的涵盖范围看，基本上包含了高校工作的重大方面，梳理一下，大致有四个方面：一是学校的战略性决策，如学校的办学方向、路线方针及重大决策；二是关乎学校改革发展大局的"战略性工程"——大学文化建设与制度建设；三是关系学校办学绩效的关键性资源——人才资源，即"管好干部、管好人才"；四是党委的常规性工作，如党建工作、思想政治教育和德育工作、纪检工作、联系群众的工作，等等。对比多数高校党委工作的实际，有必要强调的是上述第二、三两个方面的党委职责。当然，从大学共治视角出发，高校党委的职责还应包含对外联络与沟通、整合各利益相关方之于高校办学的促进作用(相关实际工作的开展可依托宣传与统战等党务部门来进行)等。事实上，仔细考察近期陆续发布、核准的国内高校的大学章程，即可发现：各大学在章程中对学校党委的职责界定，基本上同《意见》文本大同小异，鲜有例外和"突破"。对于党委的核心职责，在传统的认识和做法上，大学文化建设通常被认为是"务虚"的工作，甚至是"大而无当、无从下手"的工作，因而也是"口头上重视、行动上忽视"的工作，似乎难以将其列入党委的领导职责当中。但从中国大学的运行状况来看，文化缺失几乎成为大学诸种乱象与问题的根源，亦是大学改革和发展难以回避的根本性问题。故此，领导大学的文化建设工作，高校党委责无旁贷。至于同大学文化建设密切相关的大学制度建设，鉴于其在大学改革与发展中的战略性地位和根本性作用，同理亦应划归党委的领导职责，而且应当强调党委要从自身做起，如反思和审视选人用人的选用标准及价值取向，恪守党委集体领导中的民主决策、群众路线、多方参与、沟通协商、集体领导和分工协作等。在高等院校这一特殊的组织场域内，要代表"先进生产力(教育与学术生产力)"和"先进文化(以学术文化为内核的大学文化)"的发展要求或发展方向，实现"最广大人民(全校师生及政府、学生家长、合作伙伴、校友等其他利益相关者)"的根本利益，高校党委就必须依靠自身的领导管理智慧、顶层设计执行、"战斗堡垒"作用及示范引领效应来确立起先进的大学文化和大学制度，这是高校科学发展和各项事业的根本保证。至于第三个方面的"党管干部、党管人才"职责，实际上是为契合高校这种以高深知识为操作对象，以培养人才和发展教育学术为使命的知识创造、传播和应用的知识型机构。"党管人才"是中国共产党的优良传统和重要原则，高校人才队伍的建设和人才工作的成效直接关系到高校各项工作的完成和办学业绩的实现，因而在高校党委的各项领导职责中理当具有战略地位，成为党委职责的重心所在。

(二)高校党委领导职责的问责机制

不同于校长的行政首长负责制，高校党委的领导职权是集体行使的，因而其职责的履行也是靠学校党委这个集体。党委"集体担责"的特殊性，一方面折射出对高校党委追责问责的技术与制度难度，另一方面也凸显了追责问责于党委集体的必要性。我国高校党委集体领导过程中的"领导的不负责""集体负责等于无人负责"等不良倾向，也在实践层面印证了这一点。从国内高校业已公布的大学章程文本来看，尽管高校党委的职责都有明文规定，但党委履责的问责机制几无一校提及，高校党委制度化建设中的"问责"短板由此可见一斑。有鉴于此，对高校党委的追责问责机制设计，似可考虑以下几点：

一是在高校党委或党委常委会成员的遴选方式上，尽量以公开的民主选举为主。职务的产生方式内在地决定了其履责取向，民主选举产生的高校党委或党委常委会成员，理所当然须"对下负责"，对党员师生负责。而且，同民主选举的遴选方式相联系的审议工作报告、党代会上的咨询与质询、罢免等制约机制，本身即可视为对高校党委或常委会成员履职的终极问责追责机制。

二是以校务公开为契机，推动高校党委或党委常委会决策的民主化和透明化。高校党委的重要职权是决策，对高校党委决策的追责问责，最理想的莫过于"事中控制"，即让教职员工代表参与（但不参与表决）学校党委的决策过程，并将相关决策结果及时公开，形成全程接受民主监督的党委决策模式，使对党委决策的追责问责"提前"贯穿于决策过程。

三是借对党委或党委常委会核心成员的民主考评机制实现基于个人职务的追责问责。如上文所述，党委核心成员一般既以成员身份参与党委集体的决策，又以个体分工形式承担由党委集体决定形成的分管工作。因此，对党委核心成员，应以其述职报告为基础，将教职员工对其个人的民主考评"做实"，使对党委核心成员这类领导干部的民主考评成为对其职务履责情况的民主问责机制。

四是可借用党代会及教代会的党委工作报告审议或校级领导干部评议机制。一般情况下，党委领导集体须在党代会上作工作报告，大会对党委集体工作报告进行审议。事实上，这种对党委集体工作报告的审议机制，实质上代表着对党委领导集体年度或届满工作的认可与否，故其亦可视为甚至发展成为对党委领导集体的问责追责机制。而教代会的职权中，亦包含有按照有关工作规定和安排评议学校领导干部，① 这种干

---

　　① 孙霄兵.中国特色现代大学制度建设研究[M]，教育科学出版社，2012：124.

部评议行为一旦能真正落实，本身就构成对党委履责的问责追责机制了。

五是师生员工以个人的批评性意见或建议权为基础的问责机制。依据高校师生员工的民主权利，个人可以就学校党委履职情况提出个人的批评性意见或建议，这种书面性的意见或建议一经公开，亦可形成对高校党委或党委常委会成员的舆论压力，因而也就可以演变成一种校内舆论问责机制。

六是校外舆论监督与问责机制。在传媒网络化、资讯公开化的现时代，大学通常是社会舆论关注的热点，这也意味着，只要引导得当，以大众传媒为核心的社会舆论本身即可构成监督高校党委履责情况的重要主体。在密切监督高校党委履职情况的基础上，通过对高校党委领导"业绩"予以公开报道，客观上即可构成对高校党委履责的社会舆论问责机制。

第二节 大学校长的法定权责及其履行

高校党委领导下的校长负责制是中国特色现代大学制度的重要内容，更是设定高校内部治理框架的根本性制度安排，其制度设计初衷是兼容和整合高校党委的集体领导和大学校长的行政负责制，既凭借学校党委对办学治校工作的集中统一领导来保障高校办学的社会主义方向，又借助校长对学校办学常规事务的统一管理来实现学校运行和管理的效率。应当肯定，我国公办高校的这种领导体制和建基于此的内部治理基本架构，是新中国成立 70 多年来高校领导管理体制改革实践智慧的结晶，是现阶段对我国高校领导管理和内部治理的务实制度安排，应当予以坚持和完善。另外，对于这种领导体制在实践运行中容易引发的"领导的不负责，负责的不领导"①以及党政两个"一把手"相互掣肘等问

---

① 席西民，张晓军，李怀祖. 改善党委领导下校长负责制管理有效性的思路 [J]. 高教探索，2011(4)：9.

题，同样需要给予重视、客观看待和理性把握。面对高校办学制度环境和组织生态的变化，客观上需要对学校党委和校长的权责划分、党委领导下校长职务的履行路径、校长独立主持校政的制度保障等关键问题进行具体制度层面的完善。作为对高校领导体制的政策阐释和技术完善，中共中央办公厅于 2014 年 10 月印发了《关于坚持和完善普通高等学校党委领导下的校长负责制的实施意见》，就党委如何集体领导、校长如何主持行政工作、党政议事决策制度及党政之间的协调运行机制等关键问题做出了更明确的规定，可谓完善中国高校领导体制的重大政策之一。结合这一重要政策文本，有必要对大学校长的履职问题予以深入的探讨，以推动高校内部治理结构的完善和中国特色现代大学制度的发展。

一、何谓"校长负责"——大学校长的法定权责

依据《高等教育法》，在党委领导下的校长负责制下，校长全面负责学校的教学、科研和行政管理工作。可见，校长的权责是接受党委的领导，贯彻党的教育方针，组织实施党委的有关决议，行使《高等教育法》规定的各项职权，全面负责学校的教学、科学研究和社会服务，搞好学校的行政管理工作。须强调的是，在党委领导下的校长负责制下，大学校长一般既具有党内领导职务——党委常委、副书记，又具有正式公职——学校最高行政管理者。这种兼及党政的双重职务身份，既表征了高校行政所接受的党的领导，又凸显出行政和政策、执行及决策之间的紧密关联。从"党委领导"与"校长负责"之间的关系看，"校长负责"本身就是党委领导学校全部工作的一个侧面，而且是党委集体领导内在要求的"党委集体负责"的最集中体现。简而言之，校长负责是在党委领导的框架之下运作的，这是校长负责制的制度前提。

在《高等教育法》规定的六条权责的基础上，《意见》进一步将校长的职权职责扩充、细分为十条，分别是：组织拟订和实施学校发展规划、基本管理制度、行政规章制度、重大教学科研改革措施、重要办学

资源配置方案和年度工作计划；组织拟订和实施学校内部组织机构的设置方案，推荐副校长人选，任免内部组织机构的负责人；组织拟订和实施学校人才发展规划、重要人才政策和重大人才工程计划；负责教师队伍建设，依据有关规定聘任与解聘教师以及内部其他工作人员；组织拟订和实施学校重大基本建设、年度经费预算等方案，加强财务管理和审计监督，管理和保护学校资产；组织开展教学活动和科学研究，促进和提升人才培养质量、文化传承创新和服务经济社会发展，把学校办出特色、争创一流；组织开展思想品德教育，负责学生学籍管理并实施奖励或处分，开展招生和就业工作；做好学校安全稳定和后勤保障工作；组织开展学校对外交流与合作，依法代表学校对外签署合作协议，接受社会捐赠；向党委报告重大决议执行情况，向教职工代表大会报告工作，组织处理教代会、学代会、工代会和团代会有关行政工作的提案，支持学校各级党组织、民主党派基层组织、群众组织和学术组织开展工作；履行法律法规和学校章程规定的其他职权。无疑，《意见》在坚持《高等教育法》立法精神的前提下进一步明确了校长的职责权限，为校长独立负责地开展工作提供了更充分的法律政策依据。

为更好地履行这些重大责任，校长必须有自身相对明确、独立的职权。依据以上法律法规和政策文件，校长的职权主要包括：一是组织领导权，如组织学校的教学活动、科学研究和思想品德教育，召集、主持校长办公会或校务会议并确定会议议题，组织实施经党委批准的学校发展规划、内设机构方案、年度经费预算案、基本管理制度等。二是决策权（尤其是方案拟订权），如拟订学校的发展规划、学校内部组织机构的设置方案、年度经费预算方案、基本管理制度、重大教学科研改革措施和办学资源配置方案等。三是人事权，如推荐副校长人选，任免内部组织机构的负责人，聘任与解聘教师及学校内部工作人员等。四是管理权，如制定具体规章制度和年度工作计划并组织实施，对学生学籍进行管理并实施奖惩，管理学校资产等。五是监督权，如监督各学院教学、科研和社会服务工作的开展，监督学校行政管理职能部门的工作情况等。

毫无疑问，校长在组织学校教学、科研以及负责学校日常管理的职责权限内，有自己的领导权、管理权、人事权和监督权。在权限性质和范围上，校长和党委的权责较为类似，但实际上，二者仍是有所区别的。如领导权与决策权方面，学校党委作为高校的领导核心，在学校内部具有最高的领导权和决策权，其决策权指向具有全局性、根本性或战略性的学校重大事项或重大问题；校长作为学校最高行政负责人，其领导权主要是对学校教学、科研、社会服务工作的组织领导和对学校行政管理工作的领导，其决策权亦主要是在落实和执行党委决策、实施行政管理过程中就教学、科研、社会服务和行政管理的具体问题进行的决策。可见，党委和校长的领导权与决策权，在权力所处的层面和所涉范围上都有重大的差异。二者所拥有的管理权亦与此类似：党委主要是管具有全局性、根本性、战略性的重大事项或领域，而校长的管理权则指向更为具体的教学、科研、社会服务和行政管理方面的常规事项或问题。简言之，在高校管理系统中，党委处于最高层，负有对学校发展的战略性、全局性、根本性问题做出决策的责任；校长处于执行层，负有接受党委的领导、执行党委的决议、把党委的目标决策转化为具体行政措施的责任。[1] 党委和校长之间，从权力分配关系看，是高校决策权和行政权的分离。[2]

在职权配置方面，党委和校长这两个权力中心之间存在互有交叉甚至重叠的权力领域当属人事权。譬如，《高等教育法》和《意见》都明确指出：党委讨论决定学校内部组织机构负责人的人选；校长推荐副校长人选，任免内部组织机构的负责人。对于副校长人选，应由校长推荐，经党委讨论决定并任命(若校长推荐的副校长人选在党委讨论中未获通过，可由校长再另行推荐，党委再次开会研究、讨论，直至通过为止)。换言之，副校长人选，由校长行使推荐权，由党委行使实质性的

---

① 赵永贤. 坚持和完善党委领导下的校长负责制的几点思考[J]. 求是，2011
(3)：51.

② 赵永贤. 坚持和完善党委领导下的校长负责制的几点思考[J]. 求是，2011
(3)：51.

审查权、同意权和最终的任命权，并不存在权限或程序上的冲突。在学校中层管理干部方面，一般情况下，学校党务系统内部机构（如党委办公室、党委组织部、党委宣传部、党委统战部等）负责人的人选，自然由党委讨论、决定并任命；而学校行政系统内部机构（如教务处、人事处、财务处、科研处等）负责人的任命，就要复杂得多。依据《中国共产党普通高校基层组织工作条例》（以下简称《条例》），中层行政干部的任免，由党务组织部门负责考察，听取学校行政领导的意见后，经校党委（常委）集体讨论决定，亦可以实行常务委员会票决制。按此表述，似乎可以确定的是党委行使实质性的人事审查权和最终决定权。若按《意见》规定，一方面是学校内设机构负责人的人选由党委"讨论决定"，另一方面又是校长任免学校内部组织机构的负责人，貌似存在着权限上的冲突。因为对于中层行政干部人事任免的实质性决定权，自然只能由党委或校长两方中的某一方来行使。如果由校长行使，则比较有利于保障校长作为最高行政负责人的权威和权能，有利于学校行政管理系统内的政令推行，亦与行政系统通常强调的"首长负责制"（首长要全面负责，自然应获得相应的"组阁权"）相吻合，但无疑会实质性地削弱党委的人事管理权限。反之，若由党委行使，则不利于校长在学校行政管理系统内的政令推行，进而导致作为行政首长的校长在履职过程中遭遇困难（因为中层行政管理干部的职务产生方式会直接决定其履行职责时的责任取向——对党委负责还是对校长负责）。综合考虑，对于这类人员的任用，似可考虑由党委行使推荐、提名权，由校长行使实质性的审查、同意与任免权，以兼顾党委的考察权和校长的任免权。但若如此，似乎又同《条例》的规定相冲突。所以，中层行政管理干部的人事任免权问题似有必要继续研究、妥当处理。

在职责方面，需指出的是，在实际工作中，校长和党委之间常常存在一定的职责交叉、重叠甚至冲突。例如在领导权方面，德育工作是党委的重要领导事项，但同时又是校长组织开展教学工作的重要组成部分；人才队伍建设、人才工作以及大学文化建设，同样既是党委的领导职责，又是校长施政的重要着力点。在决策权方面，党委和校长的决策事项范围存在重叠之处，区别仅在于决策事项是否具有全局性、根本性或战略性。但这种对决策事务的定性经常是"见仁见智"或模棱两可的，而这种理解上的偏差极有可能导致党委和校长在决策议题上的重叠甚至冲突。因此，笼统地用简约的文件来"概述"党委和校长的职责范围是不够的，有必要结合高校领导管理的实际，经学校党政联席会议确定党委和校长各自的职责分工，甚至以分条陈述或事务"清单"的方式将党委和校长各自的领导、决策和管理的职责范围与事项表述清楚，以避免双方出现职责不清、互有交叉、相互重叠或冲突等问题。

二、校长"如何负责"——校长的履职路径

作为党委的核心成员，校长拥有党委常委、副书记的党内职务，因而可在党委的集体决策中行使发言权、表决权，进而以党委核心成员的身份参与党委的集体决策权与领导权的行使。而在公职方面，校长作为学校的最高行政首长，在主持学校行政管理工作的过程中，遵循的是"行政首长负责制"的基本原则。这意味着，校长的最高行政权更多地体现出一种个人化的方式和集权化的色彩。依托学校的行政管理系统，校长就党委决策执行过程中的重要问题或学校教学、科研、服务等方面的重要问题，做出决策，指挥其领导的行政管理部门负责执行。

当然，为了保证校长所掌握的学校行政权的科学行使，设立校长办公会或校务会议等校长决策辅助机制或平台是极有必要的。《意见》亦就校长办公会或校务会议的运行进行了明确的规定，强调校长办公会议或校务会议是学校行政议事决策机构，这无疑具有重要的实践意义。作为辅助校长更好地进行行政决策的一种决策支持机制，校长办公会或校务会议主要是研究提出拟由党委讨论决定的重要事项方案，具体部署落实党委决议的有关措施，研究处理教学、科研、行政管理工作。这类会议由校长召集并主持，会议成员一般为学校行政领导班子成员，会议议题由学校领导班子成员提出，校长确定。一般情况下，会议必须有半数以上成员到会方能召开，以保证会议的召开确能发挥集思广益的作用。

通常，校长应在广泛听取与会人员意见的基础上，对讨论研究的事项做出决定。也就是说，校长在校长办公会上具有最终决策权，这是校长负责制的主要体现。① 此外，为促进党、政之间就重大问题的沟通交流，一般也允许党委书记、副书记、纪委书记等党委核心成员视议题情况参加会议，但原则上他们通常只有发言权而无决策权。否则，校长办公会就无异于党委常委会了。

从实践层面来看，高校党委书记和校长同为高校的最高领导者，党委和校长又均有对高校重大事务进行决策的权力，加之党委和校长的决策事项在实际上并非任何时候都泾渭分明，这种制度的模糊性和实践的复杂性就意味着：很多时候，党委的领导权（核心是决策权）和校长的行政领导权之间容易产生制度性的摩擦，即高校领导实践中常见的党政摩擦。这种体制性矛盾说明：党委领导和校长负责很容易在实践中产生党、政两个领导中枢及二者间的矛盾。有鉴于此，有必要对涉及校长有效负责的若干制度性问题予以厘清，以保障大学校长科学、有效地履职。

第一，高校党委领导必须依据党章及《高等教育法》等法律法规的规定，实行高校党委的集体领导（而非党委书记的个人领导），实行决策时的民主集中制，实行基于民主集中原则的票决决策机制，保障作为党委副书记的校长及其他党委常委或党委委员的法定党委决策权。这是保障大学校长依其党内领导身份所享有的法定决策权的制度基础。

第二，在高校党委集体领导的前提下，必须明确高校行政管理领域的校长作为最高行政首长的职责权限。在落实党委的集体决策、实施学校行政管理的过程中，大学校长是最高行政领导，拥有行政事务实施范围内的行政性决策权，并且，基于校长负责制，在高校行政管理领域，校长拥有行政决策的法定"拍板权"，这是行政首长负责制的题中之义，也是同校长所负之责任相对应的职权。在校长的行政决策权之内，其他

---

① 柯炳生. 知行合一，落实好党委领导下的校长负责制[J]. 中国高等教育，2013(18)：16.

个人或组织不得干扰和阻挠校长决策权的行使。

第三，为保障校长最高行政首长的法定地位和最高行政决策权的职权，除建立以校长领衔的行政管理系统作为校长"施政"的组织机构体系外，还应强调校长对副校长的提名权和行政职能部门领导的实质性任免权。依据行政首长负责制，副校长应当是校长的参谋和助手，因而其提名当归校长；校内行政职能部门负责人作为依校长"政令"实施各类专门行政管理的机构负责人，其任免也当应由校长来掌控。但实质上，由于党委集体领导和党管干部等制度安排，大学副校长往往并非由校长提名，而是由省委组织部门直接任命；校内行政职能部门负责人的任免，往往也是由学校党委研究决定，并非校长一人可以完全掌控。这种人事任免方式，在一定程度上削弱了大学校长的领导权和行政首长职务效应。

第四，大学内部的教学和研究具有突出的专业性，有关教学和研究的决策与管理，需要懂行的专家来实施。这种"内行决策、内行管理"的客观要求，意味着大学内部的学术决策和管理，需要借助学术领导管理机构的实质性参与。换言之，在组织学校教学和研究的过程中，尽管校长名义上仍然是最高行政首长，但其决策权在实施中却须仰仗学术委员会等学术领导管理机构的有效运作来支持，以确保学术决策的价值合法性和技术合理性。也就是说，在学术决策和管理领域，实际上校长的领导管理权应在相当程度上实质性地让渡给学术委员会的委员们，以实现校长治校和教授治学的有机融合：校长治校是建基于教授治学基础上的民主、分权治校；教授治学则是在校长治校框架内的专业、权威治学。

第五，校长负责制本质上是一种行政首长负责制，校长治校也是依托校内行政管理系统、运用科层机制来实现的，但考虑到大学作为教育学术机构的属性，大学内部尤其是基层教学研究单位所需要的"松散连接"，不同学科间的专业壁垒与学科文化差异，以及大学文化所强调的民主自由等特质，大学校长在运用其行政权力治校的过程中，必须注意努力保持和张扬民主治校的风气，要在充分尊重和依靠师生的基础上，以共同的学校愿景为引领,以校长的人格魅力和领导艺术为支撑,来保证具有民主作风、吸纳师生参与的民主治校的顺利实现。

三、校长"以何负责"——校长履职的保障机制及党政协同的合力机制

高校党委领导下的校长负责制,强调的是党委领导和校长负责的有机统一,这意味着大学校长的有效负责事实上无法同党委的集体领导割裂开来。故探讨大学校长的有效履职问题时,必须作适当延伸,探讨校长履职的保障机制以及党政协同的合力机制。否则,大学校长的有效履职可能就会遭遇这样那样的问题。正如《意见》所强调的那样,努力保证党委领导下的校长负责制作为一个有机整体发挥作用,既坚持党委的领导核心地位,又保证校长依法行使职权,建立健全党委统一领导、党政分工合作、协调运行的工作机制。

(一)支持校长独立履职的保障机制

《意见》反复强调高校党委要支持校长在其职责权限范围内独立、负责地开展工作,要大力支持校长主持学校行政管理,履行其相应的职责。但在客观上,鉴于党委拥有领导和决策大权,党委书记全面主持党委工作,容易形成事实上的"第一把手",进而干扰校长的独立履职和有效负责,为此,从制度上思考和规划校长独立行使其职权的保障机制就尤为重要。在此问题上,笔者的想法主要有以下几点:

一是要确立和完善校长职权的法律制度依据。《高等教育法》规定了党委的职责和校长的职权,但不够详实、明确;《意见》进一步明确了党委和校长的职权职责,但似乎仍未完全解决二者之间在职权和职责上的某些交叉问题。故此,恰如笔者在上文中所论述的那样,依据《高等教育法》、教育部相关规章和大学章程,明确党委、党委书记及校长各自的职权与职责,确保各司其职,各负其责,这是解决此问题的学理基础与制度依据。

二是应在廓清党委、校长各自权责的基础上，从思想上破除传统的"学校行政从属于党委、校长从属于党委书记"的错误认知，通过党政分工体制和运行机制的创新，在党政分开的基础上形成党、政相对分离、均衡的平行运作模式，党委管决策和监督，校长管执行和落实，这是解决此问题的关键所在。

三是不妨借助党政领导职务之间的交叉来形成党委、校长两个权力中心之间的某种制衡格局，此亦为解决此问题的重要办法。具体地讲，校长任党委副书记，本身可以作为党委核心成员分享党委以集体方式行使的领导权与决策权，同时还可以利用校长的人事权来任命党委委员、党委常委担任学校行政管理部门的正副职负责人。这样，校长在党委全委会和党委常委会中就具有更大的影响力，以减少党委可能对校长工作造成的掣肘。

四是通过对副校长的提名权及校内中层行政管理干部的实质性任免权来加强自身对行政管理系统的控制力，使行政系统成为一个富有战斗力、令行禁止的管理团队，创造出一流的管理效能，同时借助校长办公会或校务委员会等制度平台来强化自身校内最高行政管理者的合法性，以减少来自党委方面的干预和挤压。

五是如《意见》所强调的，应充分利用党内的民主沟通机制，加强学校党委和行政、党委书记和校长之间的沟通和交流，力争通过密切的沟通和频繁的交流来减少分歧，达成共识，增进感情，促进互信，通力合作。

六是借助师生的民主参与机制在一定程度上平衡党委的权力，形成党委领导权、校长行政权和师生民主参与权的多元化权力格局，优化学校基本权力格局，改变党政二元化权力格局容易诱致的零和博弈态势。

七是如《意见》所提及的，建立起向上级党组织或主管部门的申诉机制。学校党委干预校长法定职权时，借助上级党组织或政府主管部门的指导或仲裁性意见来化解矛盾。

八是靠自身卓越的领导业绩和突出的学校办学绩效来提升自己的领导声望、群众基础和社会评价，进而增强自身的领导权威，借助业绩、声望和权威来抵消党委方面可能的干预压力与干预效应。

(二) 促成党委与行政、党委书记与校长"心往一处想、劲往一处使"的合力机制

高校党委领导下的校长负责制，若要发挥出预期的制度优越性和制度效能，关键是要从制度上解决学校党委与行政、党委书记与校长"心往一处想、劲往一处使"的合力机制问题。对此，相应的行动思路当有：

一是从制度上挖掘学校党委与行政、党委书记与校长之间有效合作的利益基础，如加强对学校办学实绩的定期考核和多元评价，将此作为评价学校党政领导班子工作业绩和进行职务调整任用的核心依据，利用这种间接的利益诱导机制来建构高校党委与行政之间"你中有我、我中有你"的利益格局，进而以此消解二者之间可能的零和博弈的利益基础，促成二者之间的正向博弈。

二是努力"选对人、用对人"，从党委常委、党委书记和校长等关键领导岗位人选的遴选、配置的源头处"做文章"，选配好能够正确执行党委领导下的校长负责制的党委书记和校长，[①] 努力解决学校党委和行政、党委书记和校长之间的适配性，力求使两个人能做到"性格相容，理念相通，相互坦诚，高度信任"，[②] 进而实现学校党委和行政、书记和校长之间的和谐共事、齐心尽责。

三是在对党委书记及校长等高校党政领导人员的考评及任用上，实行基于学校整体办学实绩的党政领导班子"捆绑评价、打包任用"模式，将包括校长在内的高校党政核心领导集体作为一个整体来考核、评价和任用，借此考评与任用机制来夯实高校党委与行政、党委书记与校长之间的利益基础，将其置于高校办学绩效的"同一条船"上，形成一种"一荣俱荣、一损俱损"的连带关系，迫使双方以学校办学大局为重，在相

① 伍初. 选配好党委书记、校长[N]. 光明日报，2014-05-15.
② 柯炳生. 大学校长须直面的八个关系[N]. 中国教育报，2012-04-12.

互妥协的基础上相互尊重、彼此合作。

四是将学校党委与行政、党委书记与校长两个权力中心、两个"一把手"的职权职责配置及分工协作问题放到优化高校内部治理结构和加强学校民主管理的框架中思考和处理，通过优化学校整体治理框架和管理体制来缓解二者之间的摩擦力。

五是思考和设计二者之间出现矛盾时的调解机制，如党内的民主沟通机制，上级党委或主管部门的裁决机制等，以利于出现矛盾时能得到及时、有效的解决。

六是加强大学文化建设，建设以人文主义为内核、充满价值理性精神的大学管理文化和"明理""论理""讲理""重理"的组织氛围与组织气候，通过大学组织文化的整合功能来化解学校党委与行政、党委书记与校长之间可能的分歧，促成二者之间的融合和协作，进而形成基于文化整合的权力融合和领导管理合力。

第三节　教授治校与教授治学的兼容性及其意义

高校是以教育学术为本的专业性组织，教育学术使命是高校获得和巩固其社会合法性的基础。在大学的众多多元利益相关者中，从事教育学术工作的教师群体无疑是大学最重要的战略利益相关者之一，并应在大学内部治理中占据重要的角色与地位。在大学的发展历史上，教授治校曾经作为大学的传统之一被继承下来，并随着大学外部制度环境和自身组织生态的演变而变化。但饶有意味的是，在我国大学内部治理架构中，如果说"党委领导、校长负责"是无可争议的内部治理核心维度，那么在以教授为代表的学术力量的治理角色上，究竟应当是教授治校还是教授治学，学界与政界之间，甚至在学界内部，都还存在一定的争论。

在学术界内部，一直以来，在大学内部治理中的教授（教师）治理权力作用领域，学界似乎形成了立场明显有别的两种主张：一种认同教授治校（以朱清时、王长乐等为代表），另一种赞成教授治学（以眭依凡、马陆亭等为代表）。显然，学界的这些歧见并非一般的认知差异这么简单，而是牵涉我国大学组织变革、内部治理与制度创新等诸多现实问题。譬如，我国大学整体上究竟适合于教授治学还是教授治校？不同类型或层次的大学在教授治学或教授治校两种理念或制度上是否可以有所选择？教授治学与教授治校两种理念与制度是否可以相互沟通和彼此借鉴？适合于中国大学制度环境与组织生态的教授治学或治校是否有必要进行某种改进或完善？思考和解答这些问题，无疑关涉大学内部治理的权力架构与制度安排，需要有相应的国际视野与本土情怀，既要关注现今全球范围内主流大学的变革走向，又要考虑中国大学的实际情况与治理需求。有鉴于此，有必要从理论和实践两个层面就教授治校与教授治学的兼容性进行探讨，考察二者各自的合理性与适用空间，寻找两者之间的统一策略，以期在求同存异、辩证分析的基础上获得更深刻的洞见，更好地服务于中国大学的内部治理优化和现代大学制度建设。

一、大学发展史视野下的教授治校与教授治学

作为两种不同的大学理念和制度选择，教授治校和教授治学均能在中外大学的发展历史中寻找到相应的历史依据。将二者置于大学发展的历史背景中予以还原，沿着大学管理制度与实践的变迁脉络来动态地认识其内涵，有助于更好地理解和把握教授权力设定问题的本质。

教授治校的历史渊源无疑为中世纪大学时期的学者治校。中世纪大学以"学者行会"的组织形式出现，实行行会自治的管理方式，大学内部的管理权理所当然地为学者组成的社团组织所把持，区别只在于学生型大学（如博洛尼亚大学）的管理权由学生社团组织主导，而教师型大学（如巴黎大学）的管理权为教师社团组织掌控。到中世纪后期，学生型大学趋于消亡，教师型大学渐成主流，早期大学的"学者治校"便演变为"教授（教师）治校"。中世纪时代的大学教授治校，是指教师集体全权管理大学。教师们按照手工业者结社的方式组建"基尔特"（guild，即行会），自行推选校长，挑选学生，决定课程，举行考

试，授予学位（即任教资格），对外交流。① 这种由教师通过特定社团组织全权管理大学事务的教授治校制度不仅高度契合于中世纪大学的学术共同体属性和学者行会形式，而且因当时大学组织规模较小、职能相对单一、内部事务简单、对外联系较少而具有相当的可行性。自此，教授治校逐步发展为西方大学的主流理念和历史传统，并沉淀为西方现代大学制度的重要元素，深刻地影响着后世大学的组织制度与管理实践。

继中世纪大学这一早期形态之后，西方大学在历史演进中发生了一系列的变化：组织规模持续扩大，组织职能不断扩展，内部事务趋于繁杂，对外交往日益频繁，外部介入日渐增多，大学已由早期的"学者行会"逐渐转变为社会的公共组织，早先的"学术共同体"已悄然演变为"学术—行政共同体"，② 大学内部从人员、组织、职能到管理都发生了学术—行政的二元分化。作为学术权威的高校教师虽然依旧在大学内部事务中具有无可取代的话语权和影响力，但其相对地位与权力较之中世纪时期的同行明显有所滑落。在当代大学日渐走近社会的中心、其多元利益相关者属性渐趋凸显以及共同治理的潮流迅速勃兴的时代背景下，教授治校制度的内涵与形态更是发生了明显的变化：早期由教师掌握近乎全部管理大权、负责几乎所有大学事务的绝对型教授治校模式已渐进地让位于由其主导学术管理并参与重大校务决策的相对型教授治校模式了。教授治校的理念亦更多地体现于大学治理而非大学管理的层面：现今教授们的治校权力与行动集中体现为其主导大学学术事务的决策和参与其他校务的决策，而非在微观层次的大学事务处置中事必躬亲。这样，从大学微观管理的层面来看，教授群体多少呈现出一种从早期的治校退守为专注治学的趋向。与此相对应的客观事实是：在素有教授治校遗风、教授权力相对显赫的西欧国家大学中，随着20世纪60年代高等教育民主化浪潮和七八十年代各国高等教育管理体制改革的推

---

① 韩骅.论"教授治校"[J].高等教育研究，1995(6)：37.
② 冯向东.大学学术权力的实践逻辑[J].高等教育研究，2010(4)：29-30.

进，校级决策机构的成员趋于多元化，大学权力结构向分权、共治方向变革，教授的治校权自然相对萎缩。① 在以多样化、市场化为特征的美国高等教育系统中，多数大学采取的是学术—行政二元治理模式，即在学校最高权力机构(董事会或理事会)的领导下，校长通过其行政管理机构主导校内行政事务，教师则通过评议会等权力机构掌控学术管理大权，并借助多种民主参与机制行使对重大校务的决策参与权。

不同于西方社会的原发内生型大学，中国近代大学是在效仿西方大学原型基础上出现的后发外生型大学，既受西方大学制度原型的影响，亦难以摆脱政府的控制和干预，大学寻求自治和政府寻求控制两股力量博弈的结果便是不同时期的本土大学在管理体制上呈现出不同的趋向。民国初期，在以蔡元培为代表的自由主义知识分子的主导下，政府颁行的《大学令》首次明确了大学内部评议会和各科教授会的设置，这无疑是中国大学教授治校制度的起源。至 1917 年蔡元培出掌北大并力推大学改革，该法令规定的教授治校体制终于开始在民国大学中得以有效落实，旋即迅速演变为民国大学的重要传统。自此直至抗战结束，教授治校体制基本上为当时的一些主流大学(尽管其数量未必很多)所沿用，在后期的典型代表则为声名显赫的西南联大。1946 年 1 月，中共代表团在国民政府政治协商会议上提出的《和平建国纲领草案》仍然明确强调："大学采取教授治校制度，不受校外不合理之干涉"，② 从一个侧面折射出民国主流大学教授治校制度所获得的外部认可。但亦有必要指出的是，即便在民国时期，随着 20 世纪 20 年代后期国民政府在形式上完成对国家的统一，政府就加强了对大学的控制，此前较为强大的大学自治权力和校内教授群体的权力逐渐被收回。尤其是在 1929 年 7 月颁布的《大学组织法》施行之后，教授的权力明显大不如前，"校级事务的决策虽有教授的参与，但是其权力仅限于'学术事务'，教授权力开始由此前完全主导学校事务向仅仅在所谓'学术事务'上拥有发言权的方

---

① 彭阳红. 论"教授治校"[D]. 华中科技大学，2010：52-58.
② 和平建国纲领草案[M]. 兴县：新华书店晋西北分店，1946：11.

向演变"。① 到 20 世纪 40 年代中后期，随着国内政局的变化和民主运动的高涨，大学的自治权和教授的治校权又有所恢复。新中国成立后，随着高等教育体制向苏联模式的转向，大学的教育与学术机构属性在相当程度上被遮蔽，教授治校很少有人提及。

至于更具中式话语色彩的教授治学命题，最早似乎出自继蔡元培之后接任北大校长的蒋梦麟。不同于前者极力倡导和大力施行的教授治校理念与制度，后者在接任北大后明确提出了"校长治校、教授治学、学生读书"三原则，② 并据此重新改造北大的组织管理。事实上，在此前后，同"蒋梦麟时代"的北大一样，当时的同济大学、大夏大学等施行的亦是类似蒋梦麟所主张的"校长治校、教授治学"型大学体制。至于新中国成立后的公立大学，因其行政事业单位属性与身份逐渐强化，加之政治化、行政化的领导管理体制的制约，教授的治学权亦随之不断萎缩。若综合考虑大学的外部制度环境和内部组织生态等因素，比较而言，教授治学体制似乎更贴近缺乏大学自治和教授治校传统，甚至并非成熟学术共同体的中国大学的实际，或许这也是官方在此问题上定调为"教授治学"和近期中国大学"教改"试验多倾向于教授治学的原因吧。

在沿着大学制度史的脉络梳理教授治校与教授治学的历史演进后，不难发现：中西方大学在历史演进中似乎都出现了某种从绝对型教授治校到相对型教授治校，或者说是从教授治校到教授治学的变迁趋向，尽管二者的主要动因不尽相同（相对于中国大学的外在因素使然，西方大学则更接近于自身的主动调适）。这似乎表明：在大学共治的背景下，教授治校与教授治学之间可能存在某种兼容性或相通性。那么，有没有更具有说服力的案例来证明二者之间的兼容性呢？例如，是否存在这两种不同大学管理理念与制度选择并存的案例呢？经过考证，这种案例是客观存在的，而且在中外大学都有。

---

① 张正峰. 权力的表达：中国近代大学教授权力制度研究[D]. 南京师范大学，2006：23-27.

② 苏云峰. 从清华学堂到清华大学(1911—1929)[M]. 生活·读书·新知三联书店，2001：77.

先看国外的案例。在英美等国，不同类型甚至不同个体的大学，有其不同的管理理念与制度安排，简单地用"教授治校"描述以多样化著称的英美等国大学内部管理模式，自然不免有削足适履之嫌；但如果仅就处于金字塔尖的研究型大学而言，这几个字又庶几接近事实。① 在董事会集体领导、校长负责校务管理的美式大学领导管理体制下，大学评议会(或教授会)一般是确保教师参与大学治理、行使管理权力的重要制度平台。但因各校管理传统和大学章程等方面的差异，各校评议会或教授会的地位和作用也有所差别。通常，评议会或教授会的权力与大学的历史和声望的相关性比较显著：在研究型大学和有声望的文理学院，评议会或教授会的权力比较明显，在其他类型的学校则相对狭小一些。② 这无疑意味着：若就教授的治学(校)权而言，越是历史悠久、声望显赫的大学，其教授权力就越趋向治校的范式；反之，越是历史较短、声望一般的大学，其教授权力就越趋向于治学的类型。

在中国近代大学史上，教授治校和教授治学的体制不仅同时并存过，更曾同时交替出现于同一所大学的不同历史时期。如前所述，在"蔡元培时代"的北大效仿德国大学模式力推教授治校制度并据此影响和带动清华等一批名校的同时，亦有 20 世纪 30 年代的同济大学、大夏大学等部分公立或私立大学却采纳校长治校、教授治学的制度，实行董事会领导下的校长负责制，董事会及其委托人——校长大权在握，教授的权力却相对有限，主要被限定在学术事务管理的范围内。不仅如此，教授治校和教授治学体制甚至还在不同的校长任期内交替出现(典型者为首开中国大学教授治校之先河的北大)。翻开北大的校史，其内部管理体制曾随校长的更替而出现过数次变化：在"蔡元培时代"，北大实行的是教授治校制度；1930 年 12 月蒋梦麟正式接任北大校长后，即按其"教授治学、学生求学、职员治事、校长治校"③的理念将北大内部

①　韩骅. 论"教授治校"[J]. 高等教育研究, 1995(6): 37.
②　彭阳红. 论"教授治校"[D]. 华中科技大学, 2010: 114.
③　马勇. 蒋梦麟教育思想研究[M]. 辽宁教育出版社, 1997: 186.

管理体制改革为教授治学体制；到 1945 年 9 月，胡适出任北大校长后，又通过《国立北京大学组织大纲》的颁布重新确立了教授治校制度。可见，在民国时期的中国近代大学种群中，教授治校与教授治学的两种管理理念与制度选择同样并立共存过。

综上所论，尽管教授治校与教授治学是两种彼此有别的大学管理理念与制度选择，但在中外大学的发展历史上，二者却并非是永不相交的两条平行线。随着大学组织自身及其外部制度环境的复杂化，以及由此催生的大学共治潮流的影响，大学组织内部的教授权力配置出现了动态的调整，并且呈现出复杂的局面：教授治校和教授治学日趋分别体现于大学治理和大学管理的两个不同层面。在同一大学系统中，教授治校和教授治学往往会同时并存于不同的大学个体中，甚至在同一所大学的不同时期，教授治校和教授治学也曾交替出现过。这些史实足以说明：在大学趋于共治的现时代，看待教授治校和教授治学这两种有所差别的大学理念与制度时，应当以一种包容的态度和辩证的立场对待之，在承认二者各有其价值合法性与适用空间的基础上，充分挖掘和利用二者之间的兼容性，以助益于中国现代大学制度的理论建构与实践推展。

二、教授治校与教授治学的理论辨析与制度比较

从字面上看，教授治校和教授治学均包含三个基本元素：教授、治（理）、校（学）务，二者的差别仅在于教授所治之对象为校务还是学务。对教授治校和教授治学的正确解读，亦同样取决于对"校""学"二字的科学界定。在国内，学界似乎习惯于从西方大学的管理实践来解释教授治校，从中国大学的现状出发来界说教授治学，结果是教授所治之"校务"被放大，而教授所治之"学务"被缩小，造成治校与治学之间落差甚大的印象。事实上，以中外大学的学术组织属性和学术本位规律而论，应承认三点：一是所谓大学校务之"学术性事务"与"行政性事务"的二分法（这通常是教授治学的重要立论假设和理论依据）只能是相对的，实际上许多校务具有明显的综合性特征，兼有学术性和行政性，难以简

单界定；二是从根本上讲，大学的所有校务均应服从服务于大学的学术发展，因而广义地理解，全部校务都可视为（广义的）学务（这往往是教授治校的重要立论假设和理论依据）；三是从学理上讲，基于大学组织的共性，中外大学对"学务"的界定不应有显著差异。

但事实上，大学校务的复杂性以及对学术性事务的不同理解，直接导致了中西方大学对教授权责的不同理解及制度安排。西方大学从大学的教育学术机构属性及需求出发，从相对宽泛的意义上界定学术性事务，赋予教授在这类事务中的主导性决策权和管理权；同时，还进一步赋予教授在其他重大校务（典型者如校内的重要人事安排、教育与学术资源的分配、大学校长的遴选与考评等）上的参与性决策权，这种特定的教授权责制度安排，即西方大学共治背景下的教授治校制度。与此相反，我国大学则习惯于将大学看做一种行政事业单位，从行政组织的属性和需求出发，狭隘地界定大学中的学术性事务（仅将与教学、科研相关的部分技术性事务视为学术性事务），仅赋予教授在特定"纯学术性事务"上有限的决策权和管理权，而将诸如重要人事安排、办学资源分配、学校发展规划、校内建章立制、校长选拔与考评等其他重大校务均视为行政性事务，基本排除教授群体的实质性参与和介入。显然，如果对中国大学现行的这些做法不加改进而简单地将其归结为所谓"校长治校、教授治学"的话，势必无法改变教授群体在大学办学中的边缘地位，所谓的教授治学亦极有可能会异化为教师们在行政权力主导下开展一些技术工作而已。[1]

就国内学界近年来提出的"教授治学"构想而言，其作用边界一般被界定为治学科、治学术、治学风和治教学，[2] 其组织形式多倾向为教授委员会，层级定位一般在二级学院，其权力性质则有不同界定：一者

---

[1]　彭阳红."教授治校"与"教授治学"之辨［J］.清华大学教育研究，2012（12）：108.

[2]　史宁中.实行教授委员会制，凸显"教授治学"［J］.中国高等教育，2005（3-4）：27-28.

为学院重大事务(含学术事务与行政事务)的决策机构,① 一者为决策(针对学术事务)与审议(针对行政事务)机构。② 显然,同教授群体被边缘化的中国大学现状相比,这种教授治学的制度构想明显扩展了教授的治学边界,提升了教授的治学权力,可谓"现行版"教授治学的"改进加强版本"。但即便这种"加强版"的教授治学构想仍有明显缺陷(这也是其招致质疑的重要原因):其一,将教授治学的作用空间定位于治学科、治学术、治学风和治教学,貌似极大地拓展了教授的权力空间,但在缺乏相关规则保障、权力赋予和资源支撑的条件下,这种定位很可能并无多大的实质意义。譬如所谓的治学科,假若教授只有单纯的学术事务决策权而无诸如人事、财务等"非学术事务"的决策权,教授们事实上不可能完成所谓"治学科"的任务;至于所谓的"治学术",事实上大学的几乎全部校务都应该是为"治学术"服务的,那是否意味着教授应在所有校务中拥有决策权呢? 其二,将教授委员会定位在学院一级,极大地限制了教授治学的实际效能,因为中国大学迄今仍是高度集权的类行政组织,大学的权力、资源仍高度集中于学校一级,且主要为行政权力所掌控,这种实际状况无疑会直接制约仅在学院层次治学的教授治学的实际效能。有鉴于此,中国版教授治学的改进方向似应为:打破将教授所治之"学"简单地局限于一些技术层面的、纯粹意义上的所谓学术性事务的狭隘视野和错误做法,转而从大学之教育与学术功能发挥的内在需求角度来进行"宽口径"的界定,并据此重新设定教授的治学权——横向上,在确保教授享有主导性学术事务决策权和管理权的同时,赋予教授在学校总体政策、规章制度制定、重要人事安排、办学资源分配等重大校务(因为这些校务尽管具有一定的行政事务色彩,但却同学术发展密切相关,因而也可视为某种"准学术事务"或兼有学术性与行政性的"混合性事务")上以必要的、正式的决策参与权;纵向上,

---

① 史宁中. 实行教授委员会制,凸显"教授治学"[J]. 中国高等教育,2005 (3-4):27-28.

② 张君辉. 中外大学教授委员会的类型与功能比较[J]. 外国教育研究,2006 (4):54-55.

除保障教授在学院层级享有重大事务决策权外，还须保障其在学校层级拥有一定的重大事务决策权，以实现学术力量在校内办学政策制定、办学资源配置和重要人事安排等关键校务上的实质性决策参与权。

事实上，业已颁行的《国家中长期教育改革和发展规划纲要（2010—2020年）》亦表达了类似的价值主张，其第四十条明确指出："探索教授治学的有效途径，充分发挥教授在教学、学术研究和学校管理中的作用。"这种表述似在强调，教授治学不应仅仅局限于教学和学术研究这类常规学术事务领域，而且应当延伸至学校管理领域，赋予教授在学校管理中以必要的参与权和影响力。令人欣慰的是，国内已有少数高校在尝试类似的改革，如深圳大学不仅按照去"官"、权威、开放的思路改组了校学术委员会，让其主导学校学术政策的制定，而且建立了两个由"布衣教授"组成的校级专门教授委员会——人事教授委员会和计财教授委员会，让其实质性地参与通常被视为行政事务的"管人管钱"的重大决策。[①] 毋庸讳言，为官方寄予厚望的我国大学教授治学若要达成预期目标，就必须以更开阔的视野来界定教授所治之"学"，使之趋近于科学意义上的教授治学，缩小同西方大学教授治校的实质性差距，谋求和发挥教授治学的正能量。

综上所述，若能从大学管理实践的历史演变和内在规律出发，科学地界定中国大学教授所治之"学"，动态地看待西方大学教授治校的微妙变化，便不难发现：合理修正后的中国大学教授治学同以西方大学为原型的教授治校之间，虽然存在一定量度的、不宜简单抹煞的差异（在教授权力的边界和教授的实际地位上的程度差异），但在内涵与外延上甚为趋近，具有较为明显的兼容性。同时，从国内外教授治校或治学的实践来看，二者还具有近乎相同的治理意蕴。这种兼容性和相通性似可归结为以下几点：

第一，教授治校也好，教授治学也罢，都契合于现代大学的多元利

---

① 易运文. 让"布衣教授"参与管理，深圳大学建立教授委员会[N]. 光明日报，2009-05-07.

益相关者特性，都体现了大学组织在权力配置上的分权导向与共治取向，都顺应了大学民主管理的诉求和共同治理的趋势，都体现了教授作为大学办学的核心主体作用，其目的都是保障学术权力不受行政权力的压制，实现学术自治，① 因而都体现了对学术自由的维护和对学术本位的追求，具有突出的管理意蕴或治理价值。

第二，教授治学是教授治校的题中之义，教授治校是教授治学的合理延伸；若从学术发展的客观需要来广义地定义教授所治之"学"，教授治学也就极其趋近于教授治校；若在学术本位、行政服务的制度保障下，适当收缩教授的治校权以使其专注于学术研究与管理，教授治校事实上即可转换为教授治学。从这个意义上讲，"教授治学的本源在教授治校，教授治校的本质在教授治学"②的论断，也颇有几分道理。

第三，从大学共治的发展趋势来看，教授治学与教授治校可以视为教授参与大学治理这个连续谱上的不同两点，因而二者均有其相应的合理性与适用空间。大学往往会根据其外部制度环境和内部组织生态的变化，来动态地调整教授权力，确定教授群体参与大学治理的较为合适的"度"。正因如此，在大学共治理念的影响下，传统上董事会和校级行政权力较为强势的美国大学在后期出现了强化学术权力的变革倾向，即教授权力由"治学"向"（参与）治校"方向进行调整；而与此相反，传统上教授治校权较为强大的欧陆模式的大学，近年来则开始出现教授权力相对收缩的倾向，即由"治校"向"治学"方向予以适度调整。

第四，总体上看，教授治校较之教授治学，教授权力的边界更为宽泛，教授的权力地位更高，因而更有助于维护大学的学术本位，激发教授群体的教育与学术生产力，并且，教授治校与教授治学不仅是一种大学管理理念，而且是一种制度选择或管理实践，两者的不同层面亦可有机融合，形成新的教授权力体制或大学管理范式。从这个意义上讲，

---

① 徐先凤. 教授治学问题研究综述[J]. 山东理工大学学报（社会科学版），2013(1)：99.

② 韩延明. 精心谋划，科学发展，奋力建设高质量综合性品牌大学[J]. 临沂大学学报，2011(2)：26-27.

"作为办学理念，教授治学替代不了教授治校；作为办学实践，在教授治校理念基础上推进教授治学，再由教授治学趋向教授治校，这是我国高校的理性和战略选择"。① 换言之，不妨将教授治学暂时理解为教授治校在我国大学现阶段的特定表现，将教授治校定位于我国大学教授治学的发展方向和最高层次。

三、教授治校与教授治学兼容的治理意义

在以上的论述中，笔者分别从理论和实践层面论述了教授治校和教授治学这两种大学管理理念与制度安排之间的兼容性。这种理论推导不仅可以有效弥合学界在教授权力设定问题上的分歧，而且可以为中国大学系统的"去行政化"改革、内部治理结构优化和学术权力制度建设等实践课题提供更为多元的观念引导和制度蓝本，进而间接推动中国大学组织制度和管理实践的多样化与个性化。

首先，教授治校与教授治学的兼容论，若推而广之，有助于我们破除大学管理体制改革过程中的某种简单的二元对立思维，以开放的视野和包容的立场来看待和运用中外大学发展史上的一切制度成果。教授治校和教授治学固然是两种不同的大学管理理念和制度安排，但二者之间并不必然存在内在的相互排斥关系，而是各有其合理性与适用空间。因而，即便教授治校的制度安排不一定适合于某种类型或某所特定的大学，但也并不意味着这种理念或制度就不再适用于中国大学，在实践中就不再具有可行性。事实上，单就理念而言，教授治校的理念至今仍有其合法性与先进性，它不仅内在地契合于大学组织科学运行所要求的民主管理、科学决策、共同治理等内在需求，而且明显有助于保障大学的自治地位、学术本位以及大学的教育与学术生产力。从这个意义上讲，即便中国大学更适切于采用教授治学的制度安排，也并不意味着就必须

① 毕宪顺. 协调与制约：高校内部管理变革的使命[J]. 高等教育研究，2011（10）：66-67.

摒弃教授治校的理念。相反，以教授治校的理念为基础，科学、灵活地设计和运用教授治学的制度安排，更有可能获得良好的预期成效。当然，据此而论，政府在《国家中长期教育改革和发展规划纲要（2010—2020年）》等纲领性文件中将大学教授权力制度安排定位于教授治学这特定一端的做法似乎值得商榷。

其次，教授治校与教授治学的兼容论，意味着作为两种不同的大学管理理念和制度选择，教授治校与教授治学不宜简单地予以比较和评价，而是应辩证地分析其各自的优势与不足、合理性与局限性，以及各自特定的适用空间。剖析中外大学历史上的教授治校与教授治学案例，不难发现二者各自的适用条件：一般而言，对于那些学术共同体属性明显、历史较为悠久、自身传统较为深厚、学科成熟度较高、在大学系统中居于较高层级、科学研究职能较为突出的大学，教授治校无疑是比较适切的选择；反之，对于那些行政单位属性突出、办学历史不长、大学传统缺乏、学科成熟度欠佳、在整个系统中所处层级较低、以教学或服务职能为重心的大学而言，教授治学可能是相对务实的选择。据此，似当鼓励国内的高水平、研究型大学积极尝试教授治校制度，以期有效地重建大学的学术本位，捍卫大学的自治地位与权力，并最大限度地激发学者群体的教育与学术生产力；而对于教学型或教学研究型大学，则不妨由其根据自身条件自由选择、大胆探索，找出适合于自身特质的教授权力制度安排。

再次，教授治校与教授治学的兼容论，不仅意味着这两种不同的大学管理理念与制度可同时并存于某一大学系统之中，而且意味着其甚至可以作为同一所大学在不同发展阶段或历史时期的制度选择。这种理论洞见启迪我们：不仅中国大学系统中不同类型、层次的大学可以在这两种不同的大学管理理念与制度中"择其适者而从之"（如研究型大学采用教授治校制，教学型大学采用教授治学制），而且还有必要从时间维度（大学的发展阶段）出发对这两种理念与制度的应用予以考虑。也就是说，不同的大学应考虑其所处的发展阶段，因"时"制宜地选择合适的教授权力制度安排。通常，本着从易到难的原则，处于初创期或成长期的大学似乎比较适宜于采用教授治学制度，以确保大学在这种发展阶段上所迫切需要的高效率、灵活性和对外部需求的响应能力；而处于成熟期的大学，则不妨积极采用教授治校制度，以发挥学者群体的创造力和激发大学整体的创新能力。当然，整体而言，受制于高度行政化的大学组织文化和大学管理体制，中国大学迄今对教授治学还相当陌生，更遑论教授治校了。在此情形下，在整体思路上，不妨先行尝试教授治学，待积累了一定的教授治学经验后，再进行下一步的制度改进，向教授治校的方向迈进，这或许是一种比较稳妥的"教改"道路。当然，这并不意味着所有的内地大学都必须从教授治学起步，也不意味着尝试教授治学制度就必须摒弃教授治校的理念。

最后，教授治校与教授治学的兼容论，还意味着这两种不同理念或制度安排中某一方的合理成分可以作为矫正另一种制度缺陷的技术选择。如前所述，若从大学共治的背景来看，国外大学的教授权力制度安排都在进行某种动态调整：素来教授权力甚大的欧陆模式大学，在其后期都进行了强化大学行政权力、拓展低阶教师和行政职员参与权等制度变革；而原先教授权力相对不大的部分美国州立大学，在后期则明显强化了教授对大学治理的参与，以期激发教授群体的积极性与创造性，提升学校的学术声誉和竞争力。可见，国外大学在大学共治潮流中的制度变革似乎在证实：原来教授治校权过大的大学，在逐步汲取诸如强调大学一级行政权、强调校长统整功能等教授治学体制中的某些合理因素；而原先教授治校权不足的大学，则开始尝试诸如扩展教授权力边界、提升教授话语权与决策权等教授治校体制中的合理因素。简而言之，对于特定制度环境和组织生态下的大学，其教授治校（学）权应具有一个合适的"度"。这个"度"的保持，有赖于大学根据组织内外部环境的变化对组织权力配置进行动态的调整，调整的方向无非是：教授的治校权若过大，就应将其适当向教授参与大学治理连续谱上的另一端——"治学权"方向调整，反之亦然。

第四章　大学的学科治理及其制度化

　　学科承载着大学人才培养、科学研究、社会服务和文化传承等教育学术功能，攸关大学教育学术生产力的发挥。基于学科之于大学的重要地位和价值，学科建设通常构成大学各项办学工作的"龙头"。学科的建设与发展不仅依赖于学科人力资本、学科知识信息及学科文化等诸种学科发展要素的聚合与转化，而且仰赖于贯穿学科建设全过程的学科重要事务的决策及执行。学科诸利益相关方对学科重要事务进行决策的结构和过程即学科治理。治理之于大学的价值也适用于学科层面，学科治理亦可理解为大学治理在学科层面的投射。科学的学科治理，关系着大学内部学科层面的科学决策和顶层设计，能保障大学的学科沿着正确的方向与轨道发展，获得来自学科共同体内外合力的支持，决定着学科要素向学科生产力转化的质量与效率，进而影响着大学教育学术活动"心脏地带"的运作活力和创新能力。

　　在"双一流"建设的背景下，高等教育界已形成基本的共识：一流学科是一流大学的核心要件，没有一流学科就没有一流大学；一流的治理同样构成一流大学的保障，没有一流的治理也难有一流的大学。① 相应地，在一流学科的建设过程中，没有一流的学科治理，同样难有一流的学科。提出学科治理的命题，不仅具有理论上的依据和意义，而且具有实践上的需求和价值。学科是两种形态即知识形态的学科和组织形态的学科的有机统一。学科的建构过程交织着内在逻辑与外在逻辑的两种

---

　　① 眭依凡. 关于一流大学建设及大学治理现代化的理性思考[J]. 中国高教研究，2019(5)：1.

力量——首先是遵从知识发展的内在演化逻辑(体现学科的自然属性,完成知识的系统化使命),其次形成外在的社会建制(体现学科的社会属性,完成知识的制度化使命)。① 学科的双重属性、逻辑及形态,意味着在学科知识的运行中存在两种不同的动力机制——基于知识逻辑的学科运行机制和基于制度逻辑的学科运行机制。② 其中,前者强调学科的知识逻辑的力量,后者强调学科制度约束下权力和利益等因素的影响。影响学科知识运行进而影响学科发展的两种动力机制的存在,恰恰构成我们认识学科治理内在逻辑和基本规律的理论依据与实践基点。从学科的双重属性、逻辑、形态及动力机制出发,学科治理即学科重大事务决策的结构和过程,无疑应同时遵循促进学科知识增进和维护学科共同体的价值与利益平衡这一"内"一"外"两重逻辑。学科治理的目标在于实现学科的善治,而学科善治的目的则在于实现学科知识的增进和发展,故学科的治理必须围绕着学科知识的创新与拓展这一根本来运行,必须契合学科的根本属性、内在逻辑和发展规律,围绕着学者(学科知识的生产者、传播者和应用者)这一核心治理主体和学术(学科知识的生产、传播和应用)这一核心治理领域,依循学科的知识逻辑及其治理需求来展开。另外,学科除指称知识形态的知识分支外,还呈现为从事学科知识生产的具体组织形态(如学科团队、研究所、系科等)。学科组织的运行,不仅涉及相关人力、物力、财力、知识和信息等要素的投入,而且在客观上形成同组织相联系的价值主张、权力结构及利益诉求,以及组织内部成员间的权利义务关系。这意味着,学科组织的运行离不开相应的组织治理和事务治理。学科治理的善治追求,尽管其要义在于实现学科知识生产领域的善治,但却必须依靠学科组织运行的善治路径来达成。换言之,学科的善治目标,同样有赖于学科知识生产领域的善治和学科组织运行领域的善治。前者构成学科善治的目的,后者则构成学科善治的手段。实际上,学科组织的治理或善治,并未超出学科

---

① 龚怡祖. 大学的梦想——龚怡祖文集[M]. 南京大学出版社,2016:88.
② 龚怡祖. 大学的梦想——龚怡祖文集[M]. 南京大学出版社,2016:88.

制度化的范畴。学科组织的治理需求，完全内嵌于学科制度化所赖以建基的学科组织化进程。整体来看，学科知识生产领域的善治和学科组织运行领域的善治，大体分别呼应学科建构过程中的两种逻辑力量——学科的知识逻辑和制度逻辑，并分别推动着学科知识的系统化使命和制度化使命的实现。

强调学科治理之于学科运行和发展的必要性与重要性，固然可以从上述思辨式的理论推导来立论，但更关键的依据则是源自实践层面的学科治理困境。尤其是在目前"双一流"建设行动已渐趋深入、学科建设占据高校"龙头"地位的现实语境下，倡导和践行科学的学科治理，更具有明显的针对性和紧迫性。众所周知，学科不仅是大学这座"知识工厂"的"生产车间"，更构成攸关大学教育学术声誉的"产品线"。强调学科的首要性，不仅应落实于大学的办学层面，而且应深入大学的治理领域。从治理的角度看，学科治理应占据大学学术治理的核心，构成大学内部二级学院(以下简称学院)治理的重心。但受制于高度行政化的制度环境，高校普遍存在过于行政化的制度性同形问题。① 这种高度行政化的组织生态和制度结构，不仅存在于大学的领导、治理和管理等诸领域，而且遍及大学的学院甚至学系等各层级。相应地，制约学科运行与发展的因素，除学术治理行政化外，还包含学科治理"学院化"，即简单地以学院治理取代学科治理，致使本应同学院治理有所区别的学科治理完全被行政化的学院治理所遮蔽，严重挤压了学科自主治理的制度空间。在现行的高校二级学院领导组织体制下，院长负责制或事实上的学院党政联席会议制，已构成学院的基本领导和决策体制。在大多数高校尤其是地方院校，学院层级的学术委员会即使存在，也依然难以摆脱行政权力附庸的角色和地位。在此制度结构的制约下，不仅院长更多地体现出学院"行政首长"(而非学术领袖)的身份特征和职务取向，而且使规范的学科治理(其内核当为全体学科成员基于行会式决策机制而施行

---

① 陈金圣，龚怡祖. 大学行政化的新制度主义解读[J]. 大学教育科学，2011 (3)：48-54.

的集体民主决策)难以有独立、常态运作的制度空间。当然，在少部分院校尤其重点大学，也存在由具有相当学术实力和影响力的知名学者担任学科带头人的情形，这种情况下因学科带头人所具有的学术地位和资源优势，即便按学科的自组织机制建立相应的委员会制学科决策机构，其结果往往也同样容易异化为学科带头人的"寡头式"决策。故学科治理在实践中更为常态化的表现，是学术与行政"一肩挑"的院长通过院务会议(院长办公会)或学院党政联席会议等制度平台来展开的行政化决策，或具有相当学术地位和资源优势的学科带头人借由更多具有形式意义的学科自组织机制来开展的决策，均明显具有"寡头"决策的制度特征。学科(或学院)学术委员会即便在必要时也会召开会议并讨论学科重大事务，但往往会沦为解决领导"寡头决策"合法性不足问题的救济机制。无论是学院治理取代学科治理，还是缺乏学术民主的形式化的学科自组织机制决策，都会导致学科治理在实践中沦为"伪学科治理"。毋庸讳言，这种问题的产生，其根源仍在于现代大学和学科制度及文化建设的滞后，反映在学院及其治理层面，就是学科的制度化甚至学科的组织化①进程滞后，学科的共同体文化和治理文化薄弱。这类问题的解决，自然要在现代大学和学科制度与文化建设的过程中，积极推进学科治理的制度化，使学科重要事务的决策真正按照学科的内在逻辑与运行规律来展开。

就我国大学治理的理论和实践而言，学科治理已构成大学治理理论研究和大学治理实践推展的前沿课题，对学科治理展开相应的理论研究，既具有丰富和深化大学治理领域相关研究的理论价值，又具有指导和助推学科治理和学院治理实践的现实意义。

第一节 高校学科建设视角下的学科治理

大学的学科赋予了大学以"知识殿堂"的内涵和形象，承载着大学

---

① 宣勇，凌健. 大学学科组织化：价值与路径[J]. 教育研究，2009(8)：32-37.

的教育学术使命和教育学术生产力目标。大学的各项办学活动，归根结底是通过位于大学底部的诸多学科来实现的。近几年国家推动的"双一流"建设，更通过教育政策的引导作用使高校在办学中将学科建设提高到空前的高度。如何通过学校层面的重点建设行动来巩固和提升传统优势学科或重点建设学科的实力和竞争力，支撑学校办学水平与声誉的提升，以期在校际竞争中占据某种主动地位，已成为当前高校高质量发展进程中的一个重要现实课题。当然，在不同层次或类别的学校中，学科建设受学校办学目标、发展战略、学科基础和组织生态等多重因素的影响，呈现出一定的差异。就占高校种群绝对主体地位的众多地方院校而言，除优势学科的数量与底蕴不足、高端学科团队培植乏力、学术研究水平与影响力有限、学科建设战略及执行不力等较为突出的共性问题外，其学科建设发展中还存在着突出的学科治理失范与失效问题，客观上构成这类高校学科建设的治理瓶颈。这种情况表明：地方院校在其学科建设实践中，有必要从战略和全局高度来认识和把握好学科建设中的学科治理问题。即在高校特定的内外部治理环境下，学科决策主体依据既定的学科组织架构，经由治理机制和过程就学科发展相关重要事务做出最终的决策。不言而喻，学科治理的制度功能在于完成与学科相关重要事务的科学决策，故而在很大程度上影响甚至决定着学科方向的科学凝练、学科特色或优势的合理规划、学科团队的合理组建、学科资源的有效配置，乃至学科建设发展的质量、速度与实际成效，进而构成高校尤其地方院校学科建设的核心议题。

一、高校学科建设中的学科治理需求

学科是构成大学的基本教育学术单元。学科的建设成效与发展水平，从根本上决定着大学的办学实力和声誉。从这个角度来看，无论是重点大学还是普通地方院校，都有加强优势学科建设的内在动力与外部压力，尽管这两类院校在学科建设的基础、目标、层次和水平上可能存在明显的差异。类似地，鉴于重点大学学科建设发展的目标更高，且竞争对手往往实力同样不俗，而普通地方院校学科建设的基础相对较差，且因学校层次与实力的局限在优秀学术人才和稀缺学术资源的竞争方面明显不利，二者都需要通过卓有成效的学科治理来确保学科建设发展的成效。不仅如此，对地方院校而言，其在组织制度建设和内部治理方面相对滞后，学科治理的失范问题往往较学术底蕴相对深厚的重点大学更为突出，在某种程度上构成制约其学科快速发展的重要治理因素。由此，科学的学科治理客观上构成各类高校尤其是地方院校学科建设与发展中的重要治理需求。

（一）学科良性发展的内在要求

大学之大，首在其学科之多。所谓学科，既指知识的分类，即一种知识体系及与此相联系的精神规范，① 又指一群学者围绕着知识的创造、传递、融合与应用活动所组成的组织系统，② 即一种研究组织。可见，学科具有知识分类和组织建制两种形态，是这两种具体形态的统一体。大学关于知识的创造、保存、传播与应用等活动的有效推展，必然要求在学科组织层面开展各类重要事务的决策，例如学科方向的凝练、学科特色或优势的规划、学科团队的组建与维持、学科经费的分配与使用等。有必要指出的是，尽管学科在具体组织形态上通常表现为讲座、教研室、学系或学院等大学基层组织或机构，但其核心意涵却是由本学科的学者(教师)基于相同或相近学科领域的学术活动而形成的特定的社会建制，在本质上是一种学科层面的小型"学术共同体"。所以，学科层级的重要事务往往都是同学科建设发展相连的、学术属性较为突出的事务，且通常实行"行会式治理"，③ 以保障和彰显学科事务决策的学术逻辑和学术本位。当然，有必要强调的是，随着现代大学走近社会的中心而成为社会的"轴心机构"，大学的学科重要事务显然也不可能

---

① 刘小强. 学科建设：元视角的考察[D]. 厦门大学，2008：20.
② 宣勇. 基于学科的大学管理模式[J]. 中国高教研究，2002(4)：43.
③ 周光礼，武建鑫. 什么是世界一流学科[J]. 中国高教研究，2016(1)：72.

完全像传统的"象牙塔"时代大学的学术事务那样全部由大学内部的学者来决策。当下学科重要事务的决策，不仅要受到大学学校一级的审议或修正，而且还可能面临着大学外部重要利益相关者的决策介入，因为源于现时大学日渐突出的公共性，大学学科的公共性也在凸显。但确定无疑的是，如果经过学科治理机制而做出的学科重要事务的决策越科学、周全，就越有助于保障学科建设和发展的成效。学科治理之于学科建设的重要制度功能，即在于保障学科重要事务决策的科学性，进而据此保障学科建设的实际效能。

(二) 学科建设的客观需求

许多高校尤其是地方院校学科建设的实践表明，影响学科建设最终成效的，除学科队伍水平、学科建设经费等核心学科资源的投入因素外，学科治理机制不健全，学科治理水平较低甚至学科治理失范、低效，导致学科决策不够严谨或学科决策执行不力，往往成为学科治理不力的根源。在部分地方院校，其学科基础整体上较为薄弱，优质师资尤其高水平学者相当缺乏，学科组织、制度与文化的建设亦较为滞后，学科层面甚至尚未形成学术的有力话语权及"行会式"的议决机制或民主的组织氛围。在行政化的大学和学院治理结构下，囿于传统的"学而优则仕"的人事任用机制及现实的"仕而优则学"的"官学一体化"规则，学院(甚至学校)的党政领导通常会有更大的几率担任学科的带头人或负责人，学科的重要事务在实践中很容易被归为学科带头人或负责人的管理事务范畴。相应地，这种组织情形下的学科治理很容易"自然而然"地被行政化的学院治理所遮蔽，学科的诸多重大事务实际上往往更多地是由学院层级行政与学术"双肩挑"的领导或者具有本学科背景的学校领导来集权式地决策。由于各种历史因素造成的长期由本学科极少数"学术寡头"把持的学科，会倾向于将内部的必要监督和外部的决策介入拒之门外，从自身利益出发固守既有的学科地盘和治理格局(实际上也是一种利益格局)。其结果是，受自利的动机驱使和监督不力的制度缺陷所致，学科常常容易沦为学科带头人或负责人的"自留地"，学科方向的凝练和确定往往由学科带头人或负责人来决定，学科学术骨干的遴选和团队的组建亦自然地以其为核心，学科资源的分配和使用亦由其主导，其他学科成员在学科事务的决策中缺乏话语权和参与机会。最终的结果无非是，学科重要事务的决策方案可能因"寡头决策"机制而产生科学性、周延性方面的缺陷，并因此而具有明显的"利己"而非"利群"取向，其他学科成员的民主权利和参与热情受到打击，学科内部的凝聚力和归属感深受其害，学科成员对学科重要决策的认同度下降，学科治理的效度严重受损。可见，各类高校尤其地方院校，除加强优质师资建设、加大学科投入外，还应高度重视学科治理结构与机制的健全问题，关注学科治理对学科建设的影响机制和中介效应。

二、高校学科治理的核心功能与内容指向

学科治理是高校学科利益相关者就学科重要事务进行决策的程序和过程。高校的学科治理，是一种围绕学科重要事务决策的互动机制与行动过程。出于学科所具有的知识与组织两重形态，学科建设涉及学科知识的生产、学科组织的运行和学科制度与文化的建设等多个维度。从学科治理的角度来看，这些核心决策议题的处理，直接或间接地触及学科资源的配置和学科利益的分配，须有一种遵循学术自由与民主原则、契合学科特性与逻辑，足以调节学科层面"冲突和多元利益"①的决策机制来有效解决。换言之，学科治理的制度功能，无疑就是确保学科重要事务的科学、有效决策，进而立足学科决策的科学化、民主化和有效性来保障学科建设的推进。科学、有效的学科决策，是有效的学科治理在决策层面的集中体现，其背后则包含对学科多元利益相关者尤其战略利益相关方(作为本学科成员的大学教师)之核心价值主张与利益诉求的有效平衡和整合，以及建基于此的学科诸利益相关方之间的良性合作和协力支持。在实践中，上述学科治理议题的具体化，则包括学科建设的

---

① 龚怡祖. 大学的梦想——龚怡祖文集[M]. 南京大学出版社，2016：152.

顶层设计和学科发展的战略规划，学科之知识领域和组织要素的有效整合，学科人力资本的引进和整合，学科团队的组建和运作，学科组织制度的建立健全，以及学科文化的培育和张扬，等等。这些既是学科建设的重要内容所在，也是学科治理的重要决策领域。

(一)凝练学科方向，规划学科特色与优势，加强学科建设的顶层设计

随着人类文明的不断发展，人类创造的知识在不断"爆炸式"地增长，这意味着作为一种知识体系的学科也在不断拓展。为了更好地创造、保存、传播和应用知识，作为知识体系的学科也在不断的发展中日渐体系化、精细化，并形成越来越完备的学科结构。我国通常运用"学科、专业目录"来标识和管理学科知识体系。相应地，学科结构体系是按学科门类、一级学科、二级学科和学科领域或方向这种从大到小的次序排列、划分的。分布于各高校的某个学科，既是该学科整个"知识王国"的重要组成部分，又是高校内部该学科领域知识生产的"独立王国"。可见，高校的特定学科，在知识归属层面属于该领域全部人类知识的一部分，在组织归属层面则属于该领域高校学科组织体系的一部分。随着学科知识生产精细化分工的发展，高校特定学科的知识生产活动注定要瞄准特定学科领域或方向，本着"有所为、有所不为"的方针，才可能取得一定的成果、成效和影响力。对于人力资本和学科基础相对薄弱的地方院校而言，其学科建设的规划和推进，因其学科基础的相对薄弱，学科建设更应遵循"有所取舍、重点聚焦、力求突破"的思路。一般而言，多数地方院校特定学科在建设中会选择立足于一级学科的框架，重点建设其下的有限几个二级学科；在二级学科的建设中，以能发挥自身学科比较优势或凸显自身学科特色的有限几个学科领域或方向为聚焦点，予以倾斜支持和重点建设，以期达到"收缩战线，集中优势兵力，赢得攻坚战"的预期目的。由此，就面临着从外部社会需求和自身学科基础出发，结合学校的办学定位与面向、学科的师资基础与比较优势，科学设定本学科建设发展的大体边界、重点(二级)学科和作为"重中之重"的焦点领域，并据此凝练学科的重点建设方向，规划学科预期的学科特色或比较优势，即进行学科建设的顶层设计。

当然，应指出的是，包括地方院校在内，高校在设定或规划某学科未来建设的边界、布局、重点、特色或优势时，无疑不能仅仅从自身学科队伍出发考虑学科知识的生产，而应当在主要考虑学科内在发展的同时，兼顾学科发展的外部需求和外在逻辑，即努力观照和有效回应地方经济社会发展对本学科建设发展的合理需求。可见，在开展学科建设的顶层设计时，在学科治理层面应努力兼顾学科发展的内在与外在逻辑，既尊重学科知识生产的主体地位和内在规律，又重视社会对学科知识的外部需求和外源引力，综合考虑学科内部的知识生产(供给侧)和外部需求(需求端)，据此谋划和凝练学科的聚焦方向、自身特色与比较优势，拓展学科"领地"的"新的增长点"，增强学科的生命力、活力与竞争力。事实上，地方院校在学科建设中比较普遍地存在学科知识老化、学科方向凝练缺乏个性、学科特色不明显、比较优势不突出、学科活力与创新能力不足、学科影响力不够等共性问题。由此，兼顾学科建设发展的内在逻辑和外部需求，结合学科知识生产的供给侧和外部社会需求的需求端，借助学科治理机制做好学科建设的顶层设计，无疑是地方院校加强学科建设的重要起点。

(二)强化和优化学科人力资本配置，夯实学科的组织基础

尽管高校的学科具有知识的生产、传播和应用等多重职能，但知识的生产无疑在学科多重职能中占据重要的地位。正是从这个意义上，有学者精辟地指出：在大学里，相对于专业而言，学科是第一性的，专业是第二性的；有别于专业，构成学科的核心元素是研究者、研究对象和知识范式及体系，其发展动力在科研。[①] 知识生产需要优秀的学术人才在其学术专长领域做出创造性的知识贡献。不仅如此，现代学科高深知

---

① 龚怡祖. 组合拳：农业学科与非农业学科交叉渗透及共同发展战略[J]. 南京农业大学学报(社会科学版)，2007(2)：82.

识的传播和应用，同样需要专业人员精深的专业功底和深厚的专业造诣。如果说教师是发展教育的第一资源，那么学者尤其是优秀学者，则是学科建设发展的第一资本。高校作为教育学术机构，学科作为从事知识生产的"学术共同体"，人力资本无疑是大学和学科的核心资本，没有高水平的学术人才队伍，就难有高水平的学科和大学。故人力资本的积累和配置，自然就构成学科建设的首要内容和学科治理的重要议题。在市场机制在高等教育领域的作用日渐增强的环境条件下，优秀学术人才具有高度的稀缺性和流动性，在学术市场具有很强的竞争力。对高校尤其地方院校而言，通过市场机制获取优秀学术人才，建设优质学科师资队伍，强化学科师资力量和人力资本存量，就更加构成其学科建设的"重中之重"和学科治理的优先议题。故此，许多地方院校都不约而同地将培养和引进学科带头人的工作放在学科建设的首位，把培养年轻学术带头人和学术骨干作为学术梯队建设的一项重要工作。① 不仅如此，在学科师资建设方面，还有必要高度重视学科学术梯队的建设，建立合理的学术梯队结构，② 以保证学科的可持续发展。

学科是一种兼具知识和组织双重属性的社会建制，这意味着归属某一学科的学术人员只是构成该学科的组织要素，而未必就一定构成学科组织的组织基础。换言之，依据学科建设的顶层设计，尤其学科建设的重点领域或方向，应将本学科的学术人员予以有效的组织和整合，形成超越个体的学术团队，使学科的组织化程度达到一个成熟学科的高度，使学科成员形成对学科组织的认同感、归属感、忠诚度和向心力，并依据个人的学术专长和学科的发展方向在学科的组织序列和知识生产中找到自己的位置，从而使作为个体的学科成员成为学科共同体和知识生产的有机网络中的重要节点，如此学科的组织化任务方算完成，学科的组织化基础方可得以确立。

---

① 叶芃. 地方高校学科建设中应注意的几个问题[J]. 高等教育研究，2010(5)：32.

② 李化树. 论大学学科建设[J]. 教育研究，2006(4)：86.

在学科组织化的过程中，在引进和培养优秀学术人员、不断积累和加强学术人力资本的基础上，还应注意通过学术自由和学术民主的机制，在坚持以人为本原则的前提下，实现学术人员的科学配置。这种学术人员的组织化配置，至少包括两个重要方面：一是根据学科的总体布局和重点方向，本着"相对均衡、重点突出"的原则加强各二级学科的学术人力资本配置和重点学科方向上的倾斜式人力资本配置，以确保各二级学科的相对均衡发展和重点方向上的适度优先发展，以期通过人力资本的科学配置形成"全面发展"和"重点发展"的良性协同局面。否则，学科人力资本配置很容易出现"撒胡椒面"、没有重点的平均主义配置问题，或者只顾重点、"一边倒"而产生的各二级学科间"强弱不均"甚至"两极分化"的问题。无论哪种情形，最终都会损及一级学科的整体健康发展和学科的整体竞争力。二是在尊重个人研究兴趣和学术自由的基础上，整合个人兴趣和学科需要，基于学术人员的学术背景、研究专长和个人偏好组建相应的学术团队，使学术团队成为学科知识生产的主要组织形式和组织机制。不同于重点大学优势学科历史悠久、积淀深厚，学术团队及学术、学科带头人的产生更多地具有某种自然生成特征，地方院校在学术团队的组建和学术、学科带头人的产生方面更多地具有后发外生的特性。因此，对地方院校而言，似有必要通过成员间的民主集中制和行会式的集体决策机制，先经民主议决机制确定学术骨干和学术、学科带头人遴选标准，责权利及考核问责机制等基本的"游戏规则"，然后经个人自愿申报（必要时可组织动员）、同行评价、学科评议、会议决定等程序来完成学术骨干和学术、学科带头人的遴选和任用。在确定学术骨干和学科带头人的同时，基于学术自由和学术民主原则，依据学术人员的学科背景、学术专长和研究兴趣，尊重学科成员的个人意愿，通过充分的沟通和协商来组建若干学科团队，形成学科建设的"基本战术单位"，为学科建设的"团队作战"夯实组织基础，确定"作战单元"和战术策略。

(三)健全学科决策体制机制，完善学科治理结构，推动学科决策科学化

在现行行政化的高校内部治理架构下，鉴于具有党政领导职务的学院或学校领导具有更大几率担任学科带头人或负责人，学科的决策很容易被学院决策所遮蔽，陷入某种行政化决策的泥沼。相较于具有一定学术底蕴的重点大学，地方院校的学科基础和学术传统较为薄弱，学科重要事务的决策更加容易滑向科层制的轨道。在不少地方院校，囿于学科基础尤其是学科师资的相对薄弱，具有党政职务的学院或学校领导更容易通过内部选拔成为学科带头人或负责人，进而借助"官学一体"的特殊身份和权力叠加进一步加强自身的优势地位，从而主导学科重要事务的决策。在这种情况下，学科事务的决策权结构实际上已形成学科带头人或负责人"一股独大"的格局，其他学科成员在学科事务决策中的话语权和参与权仅仅具有某种象征意义。学科重要事务的决策实质上更多地遵循自上而下的科层制逻辑，而非学术自由和学术民主原则。即便学科组织已有一定的规章制度，这些学科制度也极易在畸形的学科决策权结构的挤压下流于形式。最终，学科决策机制和决策取向极容易陷入失范状态，产生"寡头决策"的问题，严重偏离学科事务决策的行会制准则。与此学科决策形态相对应，学科的建设发展往往会出现普通学科成员参与意愿低迷、学科重要活动或建设任务缺乏"群众基础"、学科组织缺乏凝聚力和战斗力等严重问题。

从学科的学术共同体属性及高校尤其地方院校学科决策的共性问题出发，应当强调，在遵循学科重要事务开放化、民主化决策的原则下，既无须排斥外部利益相关者对学科重要事务决策的必要合理介入，又应在学科最核心的学术性事务的决策中坚持学术民主原则，通过足以代表学科整体利益的行会式机构开展民主化的内行决策，以确保学科重要事务的决策既关注外部的合理需求又遵循内行人士的专业理性，确保学科成员对学科重要事务决策的广泛参与和意见表达，进而保证学科决策的科学化。通过科学的学科决策权安排(即学科治理结构)来保证学科重要决策的科学化，是高校学科治理乃至学科建设的关键所在。学科的共同体属性和知识生产的特性，意味着自组织是学科运行的重要机制。自组织机制投射到学科决策领域，意味着学科决策应重视来自基层的声音和自下而上的意见表达。当然，学科决策既要重视顶层设计，又要重视基层智慧，因而要重视学科内部的双向沟通和多元互动，以最大限度地在整个学科的范围内凝聚同行的智慧，在达成广泛共识的基础上形成最终的学科决策方案。这种扁平化、民主化的决策机制，不仅有利于调动更多学科成员的积极性，而且有利于在学科决策过程中巩固和发展学科内部的民主氛围，增强学科内部的凝聚力，提升学科的组织力和战斗力。

(四)培植学科文化和治理文化，激发学科文化的规约功能

学科建设尽管存在一定的行政管理属性，但其基本面仍在于学科的本质性活动即学科层面的学术性活动，故学科建设离不开学科治理的支持和保障。无论学科建设发展，还是学科的内部治理，都以学术人员为主体，以学术生产及由此衍生的学科知识的传播与应用为阵地，以相应的学科组织、制度和文化为微观生态。在高校的学科建设实践中，普遍存在重学科资源(含人力资源)投入而轻学科文化培育的共性倾向，轻视甚至忽视学科建设发展的组织制度和文化生态建设，导致学科建设和学科治理缺乏有力的学科文化与治理文化的支撑和规约。

实际上，如同大学文化一样，学科文化具有界定组织成员特定行为合法性与正当性的内在判别功能，具有组织成员特定身份塑造和认同的内在规范功能。正如贝里(Bailey)指出的那样："大学是由不同的部落组成的，不过这些部落是由'部落文化'所操控的。"①大学里的不同学科，即为贝里所言的"不同的部落"。"部落文化"操控部落的行为，学科文化则规范着学科成员的行为。所谓学科文化，即在学科形成和发展

① Becher T. *The significance of disciplinary differences* [J]. Studies in Higher Education, 1994, 19(2): 151.

过程中形成的学科特有的语言、理念、价值标准、思维方式和伦理规范等。① 经过长期的学科规训过程，归属同一学科的学术人员往往会从认知图式、思想观念、思维方式到行为取向等方面深受学科文化的影响。学科文化的影响，客观上使得归属同一学科的学术人员具有可组织的文化基础，进而巩固学科的共同体形态。不仅如此，学科文化经学科成员认同、接受和内化后，还会赋予其专业性活动以某种特定的共同意义的建构，这种共同的意义建构显然有助于促进学科成员之间的互相理解与合作，从而助益和助力于学科团队的组建和维系，以及学科共同体的持久维系。同时，如果说大学内部不同的多学科都各具有自身独特的学科文化，那么诸学科又具有共同的跨学科文化，即尊崇理性、寻求真理、追求卓越的学术文化。学术文化在大学组织内的存在与生根，是大学内各学科之间对话、共生的重要文化条件。

无论是学科还是大学，都是一种由"知识人"构成的学术共同体，都具有某种崇尚理性、提倡对话、渴求民主的天然倾向。正因为如此，行会制度及其自组织机制在大学及学科的发展中具有重要的历史地位。学科及大学的自组织机制，内在的观念基础在于成员间的平等地位、共同事务的民主协商和组织整体对外的相对自治。可见，共同体文化和治理思维具有天然的契合度。无论是学科治理还是大学治理，其学理上的合理性，无疑根源于学术共同体的组织属性同治理理念所主张的以对话、协商求共识的决策取向之间的内在契合性；其实践上的可行性，也得益于学科文化、学术文化和治理文化的支撑和引领。可以说，文化性不仅是学科或大学的本质属性，也是学科治理与大学治理兴起的重要归因。

三、高校学科治理的失范问题

不必讳言，在行政化的内部治理格局中，部分高校尤其地方院校确

① 眭依凡. 大学庸俗化批判[J]. 北京大学教育评论, 2003(3): 32-34.

118

实存在学科治理失范的问题。学科治理的失范，意味着学科重要事务的决策偏离学科的共同体属性和学科的内在发展逻辑，导致学科决策出现某种程度的失当情形。学科治理失范的诱因，一般不外乎学科治理生态、学科治理结构、学科治理过程和学科治理文化的异化。学科治理的失范，导致学科决策的失当，最终会使学科的建设与发展面临着效率的损失甚至失败的风险。就学科治理失范的具体表现看，通常包括学科决策主体的"寡头化"、学科组织的虚置化、学科资源配置的行政化和学科文化生态的庸俗化等。

（一）学科决策主体的"寡头化"

学科是知识形态和组织形态的统一体。学科的组织化形态意味着大学里作为小型学术共同体的学科通常表现为一定形式的组织实体或社会建制。在学科共同体或学科组织的意义上，学科重要事务具有鲜明的公共色彩，因为其关乎整个学科的发展和整个学科的利益，关涉所有学科成员甚至学科外部重要利益相关者的权益。学科重要事务的决策，当然也是学科共同体或学科组织范围内的决策，具有组织框架内决策活动的正式性，即应在相关正式制度规则的约束下，借助特定形式的组织机构，通过规范化的组织程序来完成相应的决策活动或过程。从组织意义上的正式决策的要求来看，既然学科是一种组织形态，学科的决策当然应具有组织意义上的正式性，其决策主体应当具有某种组织的形式、属性和意义。

从学科作为学术共同体的本质出发，学科决策最经典的决策机制或决策方式无疑是行会式决策。行会式决策凸显的是学科成员之间相对平等的身份、地位和话语权，体现的是学科重要事务在共同体范围内的民主化决策。现代学科和大学发展到今天，其组织化程度无疑远远超越中世纪时代的学者行会或学者团体。相应地，学科决策的组织化程度也应远超中世纪大学的那个时代。但事实上，在许多高校尤其地方院校中，缘于学科底蕴与传统、学科基础与师资、学科制度与文化等方面的缺失，以及学科带头人或负责人的"官学一体"身份及其优势权力地位，学科重大事务的决策往往出现决策主体非组织化甚至"寡头化"、决策程序与决策过程欠规范化的特征,即学科决策由学科带头人或负责人等少数关键人物以高度个体化或"小圈子化"的方式做出,排斥了其他学科成员对决策的民主参与和意见表达,决策的程序和过程缺乏必要的组织背景和制度规约,存在规范性与合法性不足的缺陷。这种学科决策主体与过程的非组织化,通常不仅仅体现在决策的程序方面,而且体现在决策实体层面。毋庸讳言,这种以决策主体"寡头化"为集中表现的非组织化的学科决策方式或形态,蕴含的现实逻辑或制度假设是学科可以由学科带头人或负责人等少数关键人员代表,其排斥的是学科作为学术共同体的组织属性与运作逻辑。这种非组织化的学科决策,背离了学科之学术共同体的属性和学科决策民主化的原则,导致学科决策产生程序正义甚至实体正义的缺失,严重损害了学科决策的合法性,并危及学科内部的凝聚力及共同体文化。正是由于学科决策的非组织化甚至"寡头化"从根本上违背了学科治理的要义和学术民主的精神,动摇了学科决策的合法性基础,导致学科成员出现对学科决策甚至学科共同体的信任和认同危机,在实践中往往会产生连锁反应,使得其他各种学科治理失范现象不断产生。

(二)学科组织的虚置化

学科兼有知识和组织两重形态,二者是对立统一的关系。学科的组织化是学科知识生产有效开展的内在需要和组织保障,更是学科建设发展走向成熟的重要标志。现代学科和大学的发展历史已表明:学科在其漫长的历史演进中之所以最终会发展成组织化的形态,是因为学科知识的生产这种智识活动必须有相应的组织制度和物力资源作为支撑,如此方能持久地进行下去。大学之大,本义之一在于大学构成诸多学科的栖身之所,大学为置身其中的诸学科的发展提供了适切的组织框架和制度支撑。大学内部的二级学院,更直接构成相应学科的"学科之家"。

但在实践中,学科之知识和组织两重属性与形态的对立统一,未必在任何情况下都是有效平衡的。在部分高校尤其是地方院校,出于对学科知识生产结果的功利性追求，在实际的学科建设过程中往往会出现"只重知识生产结果、不重学科组织制度建设"的浮躁做法，最常见的就是以工业化生产的方式开展功利化的学科知识生产，忽视学科组织、制度与文化的基础性建设和学科的内涵式发展，只追求所谓知识生产的结果——诸如著作、论文、专利、获奖等所谓学术成果的产出，以达成申报各种学科平台、竞争各类学术资源、获得更高层次学术资质等功利性目标。譬如，在部分高校，平时不重视学术团队的营建，遇到申报重要学科平台或竞争重要学术资源时，便在全校范围内搜索学科背景相近的人员和成果，采用所谓人员和成果整合的方式，临时拼凑起所谓的特色学科。可想而知，这种情况下，对学科整体的顶层设计和发展规划、对学科成员的有效激励与约束可能都是缺失的，更遑论精密的学科架构、精巧的学科方向、精当的人员配置、精细的规章制度和精准的资源投入。这种只求外在化的所谓学术成果，不重学科组织、制度与文化建设的做法，其直接结果之一就是造成学科组织的虚置化，虚置化的学科纵有所谓纸面的人员配置和成果清单来粉饰，但终究是"沙滩上的大厦"，根基不牢，难以实现可持续性发展。

对学科治理而言，科学的学科治理必须以规范化的学科组织制度为基础，因为学科的治理终归是一种组织框架内的治理行为，必须以相应的组织为支撑、制度为背景、文化为依托。离开了组织化的学科，学科治理也就注定流于形式，难以发挥预期的制度功效——保障学科决策的科学化。

(三)学科资源配置的行政化

学科知识的生产需要组织的支撑，深层原因在于需要组织中的人员、权力、资源、制度、文化等组织要素予以支持和保障。既然知识的生产需要组织权力、人力资本、物质与信息资源等组织或生产要素的投入，当然会产生相应的资源配置和利益分配问题。学科的知识与组织双重属性与形态的对立统一，实则意味着从事知识生产的学科成员需要从学科组织内外部获取相应的资源或利益以实现其人力资本的再生产。由此，学科资源如何配置，既关系到学科资源的使用与转化效率，又关系到学科内部的人际关系和组织氛围。

学科资源的配置方式与取向，从根本上取决于学科组织、制度与文化。有什么样的学科组织、制度与文化，就会有什么样的学科决策权结构与学科决策机制，进而就会有什么样的学科资源配置取向与结果。我国大学为人所诟病的行政化弊端，其最关键的要害在于组织用以办学的资源主要由行政权力来配置，且配置的结果呈现出明显的行政受益倾向，在一定程度上背离了学术为本的大学运行规律与逻辑，进而损害了大学的教育与学术生产力。实际上，大学办学资源配置的行政化对大学教育学术生产力的抑制，在大学基层主要表现为各学科层面学科资源配置的行政化及其对学科生产力的抑制效应。这种学科资源配置的行政化，同前文所述的行政化的学科治理结构(学科决策权安排)与学科治理过程密切相关：前者为果，后者为因，两者之间构成某种直接的因果关系。不言而喻，学科资源配置的行政化，既难以保证学科资源的配置与转化效率，又会在更深层次上损害学科的共同体文化、学科成员的凝聚力及其对学科的忠诚度与归属感，进而损及学科的教育学术生产力。

(四)学科文化生态的庸俗化

学科从事的是教育与学术活动，在本质上是一种智识创造活动或精神生产活动，具有鲜明的文化属性和色彩。从学科和大学的知识生产活动衍生出来的治理或管理活动，同样深受这种学科文化或大学文化的影响。在学科组织与制度的背后，往往是特定的学科组织文化。而学科的治理或管理活动，则是在这种学科文化的背景中开展的。

我国大学的行政化饱受诟病的地方之一，即在于大学的庸俗化。①具体表现为大学内部教育与学术的价值、逻辑和文化相对孱弱，而"官场"(追求权力)与市场(追求利益)的价值、逻辑与文化却有某种大行其道之势。大学文化的庸俗化，不仅外显为大学行政化的治理与管理，而

---

① 眭依凡. 大学庸俗化批判[J]. 北京大学教育评论，2003(3)：32-34.

且内在地损害了大学的学术品性和教育品位。学科是构成大学的内核，大学的文化一旦庸俗化，学科在文化上自然难以幸免。从部分高校尤其地方院校的学科文化生态来看，学科文化生态庸俗化的集中表现是学科建设发展的功利化倾向。经典意义上的大学学科是一种典型的学术共同体，其核心活动是教育教学、学术研究等学术性活动，终极目标在于促进学科知识的发展。故学科文化虽然不免带有特定学科所决定的文化个性，但在本质上却是强调追求真理、探究新知的学术文化。学科文化庸俗化的集中表现，是学科知识生产活动背离追求真理的终极价值，探究新知的本真目的为达成世俗功利性目的所取代。当下大学学科建设发展中较为突出的共性问题是学科知识生产活动已在一定程度上偏离追求真理、追求卓越的学术文化轨道，走向过于强调"致用"、效用的功利性方向。例如，学科知识生产和学科育人活动的分离，对知识生产质量和品位的轻视甚至抛弃，学科知识生产的"GDP 主义"和工业化范式，对知识生产活动中精神生产的忽视，对学科知识的功利化应用和评价，等等。不言而喻，学科文化的庸俗化，将不可避免地导致学科治理的庸俗化。治理本质上是在特定文化背景下开展的多元利益相关者之间的互动行为与过程，学科治理同样如此。学科治理文化的庸俗化，将不可避免地使学科治理的价值追求蒙上阴影。正如有学者所言，在大学里，是价值决定理念，理念决定制度。① 相应地，在学科层面，同样是有什么样的学科文化，就会有什么样的学科治理价值，进而就有什么样的学科治理理念和学科治理范式。

从高校学科建设的角度来探讨学科治理问题，有必要强调的是，高校学科的建设发展绝不是仅靠对学术人力资本、学科建设经费、学科信息资源等学科资源要素的投入即可达成预期目标。因为学科资源的转化深受学科发展生态的制约，忽视学科发展生态的建设而单纯强调学科资源的投入，往往只能获得"事倍而功半"的结果。从学科发展生态的视

---

① 龚怡祖. 大学治理结构：真实命题与中国语境［J］. 公共管理学报，2008
（4）：70.

角来看，学科建设的体制与机制，以及学科的文化生态，对学科的建设发展至关重要。作为一种小型学术共同体，高校内的学科本质上仍是一种知识性、文化性组织，自组织机制对于其良性运行具有十分重要的价值。学科组织的"自组织"运行，相应地在决策上就更加强调学科共同体的整体意志和集体决策。在大学发展的早期，学科的集体决策主要通过"行会式"自主决策机制来实现；在大学进入多元共治的时代后，学科的集体决策通常是在学院治理和大学治理的框架内，通过"学科自主、内外协同"的方式来完成。这种背景下的学科治理，实质上是大学学术治理在学科层次的投射。要矫正高校尤其地方院校学科治理的失范问题，需要在对学科治理命题进行深度的理论解析和对学科治理问题进行基于实际的诊断后，在理论的指导下"精准施治"。高校学科治理的制度化，既是大学学术治理在学科层面的制度化展开，也是学院治理在学术治理领域的规范化运作，对学科的建设发展和学院的科学治理均具有重要的意义。

第二节　学科治理的理论辨析与实践观照

尽管学科是大学的重要组织制度基础，学科治理构成大学治理尤其大学学术治理的重要组成部分，但关于学科治理的理论研究较之大学治理和学院治理明显滞后。在理论认知和研究层面，学科治理还在相当程度上被学院治理所遮蔽，学科治理和学院治理的重要差别及其意义尚未引起学界足够的重视。① 学科治理作为大学治理的前沿地带和前沿问题，尚未获得学界在理论研究上的应有回应。学科治理研究的这种滞后状态，亦能在大学治理实践层面找到相应的根源。就目前我国大学治理实践的推进而言，大学内部治理变革目前已在向纵深发展，学术治理和二级学院治理逐渐成为大学内部治理变革的"重头戏"，尤其是学院治

_____

① 在2017年本书作者发表学科治理主题的论文时，学界以学科治理为论题的研究成果尚较为少见。

理逐渐成为大学治理尤其大学内部治理的热点话题。但遗憾的是，为学院治理所遮蔽的学科治理问题尚未获得实践上的关注，大学的领导者和管理者更多关注的是大学和学院的治理问题，或者是在大学治理和学院治理的框架内来观察和处理学科治理问题，而非将学科治理作为一个相对独立的问题从大学和学院治理中予以剥离，按照学科自身的逻辑、旨趣和规律来思考和把握学科治理问题。在此进程中，即便"基于学科，治理学院与学术"的治理思维和思路开始渐趋浮现，但依照学科的自身逻辑和发展规律来治理学科，还未达成大学治理理论研究者和实践探索者的理论与实践共识。从这个意义上讲，学科治理理论研究和实践推展的滞后，客观上构成某种相互制约、相互影响的关系：学科治理在实践上的滞后，阻滞了学界对这一重要理论问题的研究；而学科治理理论研究的滞后，又反过来进一步阻滞了大学改革者对学科治理实践课题的认识和把握。

鉴于学科治理课题在理论研究和实践推进层面的双重滞后及其相互制约关系，加快对学科治理领域的理论研究无疑具有重要的意义。明确学科治理命题的内涵、焦点和边界，将其从学院治理的概念中予以剥离，从学科的立场和坐标出发，基于学科的内在逻辑和发展规律，在大学和学院治理的框架中对其进行学理上的解析，科学界定学科治理的内涵与外延，揭示其与学院治理的联系与区别，廓清其组织制度功能和固有价值，有助于我们深化对学科治理理论命题的认识，进而为大学和学院治理变革中学科治理实践课题的正确应对提供必要的理论指导。沿此思路，现拟对学科治理相关基础性理论问题展开探讨，以期奠定学科治理研究的初步基础。

一、学科治理的内涵与本质

学科的本原含义是由人类智识活动所创造的知识在不断积累之后所形成的分化，即知识体系在分门别类后形成的一个个分支。自中世纪大学诞生后，大学所从事的高深知识的传递、发现和应用等工作，都是以学科的形式展开的，如中世纪大学的文、法、神、医等学科。学科的演进和发展离不开学者的知识生产活动，故在学科的知识形态背后，必然存在"一个以具有正当资格的研究者为中心的研究社群"。① 随着学科在大学里栖居下来并不断制度化，原初的学者社群日渐组织化，形成从事知识劳动的特定组织，② 如大学里的讲座、系科等。学科由此逐渐成为大学的基本细胞与核心内容。大学之所以为"大"，全在于栖身其中（分布于大学的"底部"），承载大学教学、研究和服务等高深知识操作活动的诸多学科的支撑。当然，尽管微观意义上的学科多容身于大学等知识生产机构之内，但基于学科所形成的"学者共同体"组织在边界上却并不局限于大学，而是以某种半隐形"学者社群"的形式存在于一个地区、一个国家，甚至全球范围内。更重要的是，源于知识的公共产品属性及社会公共需求，尤其是知识社会的勃兴和知识规划的兴起，学科已然成为"学术同行交流的平台，以及社会对学术进行管理的框架"。③ 学科建设与发展亦由此具有社会公共事务和公共事业的性质，进而被纳入现代社会公共治理的轨道。从社会治理的视野来看，学科治理自然可理解为，围绕着学科知识的生产、传递及应用，政府、社会、市场和大学等学科发展的诸种利益相关者通过特定的路径对其重大事务进行决策的结构和过程。例如，当下"双一流"建设中的"一流学科"建设举措，即可视为由政府主导、大学承接、社会参与的一项事关学科治理的重大政策行动。鉴于微观层面学科的建设与发展更多地发生于以大学为代表的现代知识生产组织中，这一层面的学科治理，无疑是指位于大学边界内的学科治理活动或过程。源自学科与大学的依存关系，大学学科治理

---

① 华勒斯坦，等. 学科·知识·权力[M]. 刘健芝，等，译. 三联书店，1999：20.

② 宣勇，凌健. 大学学科组织化建设：价值与路径[J]. 教育研究，2009(8)：31.

③ 刘小强. 学科还是领域：一个似是而非的争论[J]. 北京大学教育评论，2011(4)：77.

天然地同大学治理及其重要组成部分的学术治理与学院治理存在紧密的联系。

　　学科与大学，恰如百川与大海的关系：海纳百川，有容乃大。大学之办学目标、教育学术使命、学术竞争力与业界声望的达成，均仰赖于大学内部诸学科的教育与学术生产力的发挥，故学科建设"内生地"占据着大学办学的"龙头"地位，学科治理亦客观上构成大学内部学术治理和办学实体(学院)治理的内核。在大学治理的框架下，大学学科治理尽管并不排斥大学学科发展的诸种利益相关者对学科重要事务的共同治理，但因其客体更多地指向学科的基本定位、发展方向、特色凝练、优势构建、结构优化、队伍配备、资源配置、平台建设及项目开展等专业性突出的学科事务，故学科治理最核心的治理主体依然限于本学科的学术人员，治理方式则为某种行会式治理，① 因为这类人员才是学科诸种利益相关者中的战略性利益相关者，他们更具备相应的专业能力与责任约束来主导学科治理，以保证对学科建设与发展紧密相关的学术性事务，做出遵循学科与学术逻辑以及内行者决策原则的正确决策。学科学者对学科治理的主导，当然并不简单地等同于对学科治理的绝对把持，因为在学科治理权责上，学科同学院、② 大学之间存在着某种分权的态势：在学科的自主权内，学科拥有相当的学科事务自主决策权；在学科之外，学院和大学则分别拥有着眼于小学科群(学院所设多个相近学科构成的学科群组)和学科全局(大学所设全部学科构成的学科种群)通盘考虑的调控权。譬如，在学院存在多个相近一级学科的情况下，有关学科的基本定位、发展方向、队伍配备及资源配置等议题的决策，便不得

---

　　① 周光礼，武建鑫. 什么是世界一流学科[J]. 中国高教研究，2016(1)：72.
　　② 鉴于现代大学中学院基本是按较宽学科口径的学科群来设置，国内大学中的学院也多涵盖两个及以上相邻学科，且已呈现出按学科群来设置的发展趋势，加之学院在行政化的大学治理和管理体制下已产生明显的行政化结构与倾向，笔者认为适合将其定位为栖身于其中的数个学科(或学科群)共生、发展的平台，而学科组织则宜界定为以某个具体学科(如一级学科)为边界并与之对应的严格意义上的学科组织，如传统的讲座、研究所、学系等。当然，对学科组织的这种严格界定，并不意味着对学科交叉与融合的排斥。

不置于学院对其下多个学科的统筹兼顾和综合考量之下，而非完全由本学科绝对主导。在大学出于整体学科布局及学科竞争力考量的情况下，有可能对已设置的部分弱势学科进行调整甚至裁撤，此时被调整或裁撤的学科显然也难以借"学科本位主义"来对抗大学的最终决策。

以学院和大学的背景来看，学科是一种纯粹的学术组织，学科事务是最基本的学术事务，故学科治理的内在属性就是基于学科专业属性的学术治理，它主要发生于学科边界之内，通常采取学科成员集体的行会式决策方式，以保障"学者治学（科）"。但学科又是学院学科群组和大学学科种群的一部分，故其集体专业自治又须接受学院乃至大学治理的约束，此二者构成学科治理这一矛盾的两个方面，但显然前者是矛盾的主要方面，这也是将学科治理视为一种学科层面的准学术自治的内在依据，尽管它只是一种相对意义上的学科事务自治。良好的学科治理格局，应当是学科自主治理与学院治理、大学治理的有效协同：学院和大学尊重学科的专业性及其对学科的治理自主权，其有关学科的决策，当以学科的集体决策为讨论基础和重要参考，综合考虑多种因素审慎决策；而学科也应当明白，大学治理框架内的学科治理绝非中世纪大学时代那种近乎绝对的"学者自治"，其专业性自治须服从于学院和大学对学科的必要规划与调控。形象一点描述，即学科治理、学院治理和大学治理，应当类似于一种由内而外的三层同心圆结构，彼此呼应，协调运作，保持良性的互动关系和整体的微妙平衡。

二、学科治理和学院治理的区分

学科栖身于大学基层的学院之内，学院则为相关学科的知识生产、传播与应用提供制度性保护。[①] 在不甚严格的语境下，学院也常常被视为一种学科组织。学科和学院之间的这种紧密依存关系，极易使人模糊

---

① 王建华. 学院的性质及其治理[J]. 中国高教研究, 2017(1): 14.

二者之间的分野与区隔。学科治理与学院治理之间，也同样存在这种"难分难解"的孪生关系。这种"形似"关系，不仅构成学院治理主题理论研究中的难点，而且易引发实践层面的相应误区，故有必要予以澄清和明确。

在现行大学管理体制下，学院作为按学科(群)分类设置于大学基层的办学实体，位于由学科和事业单位构成的矩阵的交汇点上，[①] 兼具行政与学术双重属性，[②] 承载大学的教学、研究和社会服务等多重职能；而学科作为由本学科学者构成的小型学术共同体，主要承担教学与研究等专业性任务，甚至以研究为事实上的工作重心。学院和学科在组织属性和基本功能方面的区别，决定了学院治理和学科治理必然存在多重维度的分野甚至区隔(表 4-1)。

表 4-1　学院治理与学科治理的比较

维度＼类型	学院治理	学科治理
核心治理主体	学院教职员工，多元化	本学科学者，相对单一化
主要治理客体	学院内教学、科研、服务、党务、行政、学生工作等相关重大事务	教学和研究事务，以研究(知识生产)事务为重心
基本决策体制	行政性事务：院长负责制 学术性事务：教授委员会议决制	(学科成员)行会式集体决策
主要决策机构	院长办公会，党政联席会，教授委员会	(学科)全体大会、学术委员会

---

① 伯顿·克拉克. 高等教育系统——学术组织的跨国研究[M]. 王承绪，等，译. 杭州大学出版社，1994：11.

② 王建华. 学院的性质及其治理[J]. 中国高教研究，2017(1)：13.

续表

维度＼类型	学院治理	学科治理
对应组织架构	学院——学系——教研室，学院——研究所	学科——研究所（二级学科团队）
决策价值取向	学院利益最大化	学科发展利益至上
决策核心逻辑	学术逻辑与行政逻辑的平衡统一	以学术乃至学科逻辑为本
基本职能定位	使"冲突与多元利益"得到妥协并产生合作	在学术民主基础上达成共识，并转化为学科共同体的行动意志
主要追求目标	实现领导、教师、职员、学生等群体各自价值与利益的平衡	实现学科发展总体目标和成员个体价值及利益诉求的一致性
决策行为边界	学院内（主），学校内（次）	学科内（主），学院、学校内（次）

　　学科治理和学院治理虽并存于学院的运行实践中，但二者在治理主体、治理客体、价值取向、遵循逻辑、基本职能及追求目标等多重维度上的差异却不可亦不宜模糊。学科治理尽管发生于学院和大学治理的框架内，须受此二者的约束，但其本质上仍是基于学科专业属性而展开的准学术自治，其目的是在学术民主的基础上达成共识，进而形成本学科共同体的统一行动意志，促进本学科的发展以及建基于此的学科成员内部价值与利益诉求的平衡。学科治理机制的独特作用，在于保障学科建设与发展所强调的学科同行自治与"最低决策原则"，① 即知名企业家任正非先生所强调的"让听得见炮声的人来决策"②的原则。它力图解决的是学科这一大学教育学术"心脏"地带的权力（尤其是决策权）配置与利益平衡问题，追求的具体目标有二：一是保证以学科集体决策

---

① 周光礼. 高校内部治理创新的政策框架[J]. 探索与争鸣，2017(8)：49.
② 孙力科. 任正非：商业的本质[M]. 北京联合出版公司，2017：98.

为基础的学科重大决策的科学性，努力达成学科的善治；二是强化教师(学者)对其学科成员的身份认同，激发其学术生产热情和学科使命担当。从学科的坐标来看学院，尽管学院兼有科层结构和学科组织的双重属性，但其基本定位是大学办学的实体性组织，仍然是以学科组织为底色，其治理自然也当以学术治理、学科治理为重心。亦即，学院治理是学科治理的背景，学科治理构成学院治理的内核。共治潮流下的大学治理，日益强调分权化的治理变革，横向上在行政事务治理之外并行开展学术治理，在纵向上则日渐强调大学管理重心的下移及由此催生的学院治理，故学科治理又可视为大学治理向纵深拓展和分化的产物。

　　组织论者所强调的大学常处于"有组织的无政府状态"，通常指称大学因内部学科林立而呈现出的学科(学院)—大学之间的某种"松散联结"的组织状态。实际上，这种"松散联结"关系也存在于大学的运行过程，包括大学的治理过程中。学科治理同学院及大学治理，即存在这种类似的"松散联结"关系：既彼此协同，又有所差别，甚至若即若离。深究开来，其根源在于学科的价值与利益诉求，既同学院和大学存在根本价值与利益诉求的一致性，又存在具体价值与利益诉求上的微妙差异。尊重学科治理与学院治理的差异，某种程度上就是尊重学科有别于学院和大学的那些具体价值与利益诉求。学科治理的要旨也恰恰是确保学科内部基于专业属性而做出的内行决策，在同学院和大学保持根本价值与利益一致的前提下，有效表达和维护学科自身合理的具体价值与利益诉求，因而构成激发学科教育与学术生产力的内在基础与制度保障。反对简单地用学院治理取代学科治理，道理即在于此。一言以蔽之，学科治理尽管同学院治理之间存在紧密的关联，但二者间的关键性差异却不可忽视。忽视二者的重要差异，简单地将二者混同起来，陷入以学院治理取代学科治理的误区，无视学科治理的独特作用，削弱甚至取代学科治理的地位与作用，不仅是不可取的，而且会代价巨大——不可避免地损害学科的内涵建设与良性发展。

三、学科治理命题的实践背景

学科治理既是一个严肃的理论命题，又是一个现实的实践课题。提出和强调学科治理的命题，将学科治理从学院治理中予以相应剥离并进行探讨，并非仅仅是追求这一新命题的理论意义，而是鉴于当前学院治理实践中学科治理被严重遮蔽、被几近混同于学院治理，被纳入传统的行政化学院治理轨道而产生相应消极影响，以及"双一流"建设迫切需要推进学科治理的制度化等现实问题所引致。

近年来大学内部治理变革虽在积极推进，学术治理和学院治理也已构成高校内部治理探索的"主阵地"，但关键性、实质性、突破性的治理改革进展还不够大，不仅学术治理的独立权威地位仍普遍有待加强，而且学院治理总体上还处在象征性治理阶段，① 一流学科建设所不可或缺的学科治理机制还未引起足够的重视和关注。深入考察不少高校尤其是地方院校的学院治理实践，便不难发现：即便是在学校一级的学术治理中，囿于学术治理结构及过程的诸多体制性缺陷，如学术治理机构在权责定位上位阶不高、范围褊狭，在人员构成上"学官"比例过高，在机构属性上呈现行政化的异化，在议题设定及议事过程方面"人治"色彩浓厚等，导致学术治理依然未能摆脱受行政权力操控、沦为行政事务治理点缀的窘境，更遑论大学基层学院层级的学术治理了。不少地方院校迄今尚未在学院层级设置正规化的学术委员会(或教授委员会)，有些院校虽有设置却未规范化、常态化地运作；至于其人员构成上的"党政主导"格局，几乎是地方院校学院层面学术治理机构的某种通病。与学院层级学术治理乱象并存的，是不少地方院校在学院层级依然延续着传统的"学院—学系—专业教研室"的组织架构，在"(学)系(研究)所并立"设置的部分院校的学院，"系实所虚"的情形较为普遍，学科建设的组织依托薄弱；在学科的领导架构方面，学科带头人—学科方向带头

---

① 王建华. 学院的性质及其治理[J]. 中国高教研究，2017(1)：14.

人—学术骨干的梯度架构有序运作的也不多见，而由(副)院长、(副)处长乃至(副)校长、党委(副)书记兼任学科带头人的情形倒不鲜见。这些情况表明：相对于学校层面的学术治理，学院层级的学术治理(常常被混杂于学院治理当中)在规范性和制度化方面更存在明显的不足：学术权力在学院重要事务决策中的参与程度不足、影响力较弱；行政权力对学术权力的越界明显，而学术权力对行政权力的制约不足；学术权力的强度和作用力没有在制度上得到充分保障；学院教职工对(学院)决策结果的效率和公平的满意程度较低，认为自己的利益在决策结果中体现不足。[①] 至于学科治理，在不少院校领导的认知及其主导的院校治理实践中，几近为学院治理的同义语而已。囿于行政化治理的体制惯性及地方院校学院自主权及组织定位方面的局限，多数地方院校的学院治理仍然处于某种行政事务和学术事务决策不加区分、行政权和学术权高度重叠的混沌状态。其结果是，学科建设与发展客观上所要求的学科治理，完全被淹没于党政主导的学院治理中；学科治理所要求的内行决策和学科逻辑，完全屈服于学院领导体制下的党政决策和行政逻辑。由于学科治理被党政主导的学院治理严重挤压而无法获得独立发挥作用的空间，学科建设和发展的诸多重要决策无法借由科学的学科治理来规避决策风险，导致学科建设决策出现严重偏颇，并直接影响学科建设的推进和成效。大学组织的运行实践表明，领导就是环境，[②] 领导就是氛围，因为领导可以决定制度和政策导向，[③] 这会很大程度上直接决定大学、学院和学科的制度环境与组织氛围。事实上，不少地方院校学科治理的要害问题恰恰就在于此，尤其是在学院院长甚至学校领导担任学科带头人的情形下，极易发生学科带头人的"官学一体"异化现象。学科带头人借其行政与学术，乃至党、政、学"多权合一"的特殊身份及强势地位，有意或无意地忽视学科治理的学科本位逻辑与民主决策原则，堵塞

---

① 张德祥，黄福涛，等. 大学治理：权力运行制约与监督[M]. 科学出版社，2016：229-230.

② 林建华. 校长观点：大学的改革与未来[M]. 东方出版中心，2018：26.

③ 林建华. 校长观点：大学的改革与未来[M]. 东方出版中心，2018：45.

行会式决策的学科治理运行空间，最终诱发学科决策的非组织化、学科团队的"虚置化"、学科资源配置的行政化与低效化、学科文化生态的庸俗化等一系列恶果，严重损及学科建设的公信力和实效。

值得一提的是，随着近两年"双一流"建设的推进，各类高校都空前重视学科建设的"龙头"地位，位于大学底部位置的学科尤其是优势学科获得了前所未有的自主权和资源投入，学界也在不遗余力地倡导"双一流"建设所须关注和着力的大学内部治理体系创新，① 这本是加快推进学科治理制度化的难得契机，但囿于认知、体制和利益等方面的阻滞因素，在部分院校，不仅未像学界呼吁的那样出现学科治理"破茧而出"的局面，反而诱致学院层级行政权和学术权加紧"合体"，学科治理被学院治理空前裹挟，前者"领地"被后者肆意侵蚀甚至霸占等不良倾向。毋庸讳言，这类以党政治理取代学科治理、以学院治理遮蔽学科治理的错误倾向，等于为学科的教育学术生产力打造了一个致命的学术生产关系的桎梏。

大学底部组织多，大学底部的学科构成大学学术活动的"心脏"地带，处在大学学术生产活动的最前沿，如何通过优化学科层面的学术生产关系来激活这一"心脏"地带，激发学术生产前沿的教育与学术生产力，直接决定着学科建设与发展的成效。显而易见的是，学科教育与学术生产力的发挥，不仅有赖于人力资本、物力资本和经济资本等有形资源或学科要素的投入，还仰赖于相应生产关系的改革与完善，尤其是以学科治理为核心的基层学术生产关系。没有科学的学科治理这一关键一环与制度保障，企图仅仅通过人力资本、学科经费、学术生产资料等学科要素的投入来实现基于要素驱动的学科内涵发展，来实现一流学科的建设目标，即使不能断言是难以奏效的，也可基本断定是难以高效的。从这个角度看，学科治理的制度化，是完善现行学科层面学术生产关系的关键所在，也是实现一流学科建设所不

---

① 眭依凡. 内部治理体系创新之于"双一流"大学建设何以重要[J]. 探索与争鸣，2018(6)：31-33.

可或缺的核心制度保障。

四、学科治理的多重价值

学科治理命题和课题的提出，强调的是学科自身的专业性和主体性，以及建基于此的学科自主权和治理权。在"双一流"建设空前提升大学内部学科的地位与作用的语境下，无论是大学的办学自主权，还是大学的科学化治理，都应进一步延伸和传导至学科这一最基础的层级。学科位于大学教育学术生产的"心脏"地带，大学的学科建设应以学科为中心而不是以学院为中心；① "教师应该广泛控制学术活动"，② 自然应当成为学科治理的核心主体。大学学科的有效自主治理，是大学自主办学和科学治理在学科层次的内在需求。大学学科治理的现代化，不仅能从机制和制度上为大学学科建设与发展提供制度与文化驱动力，而且能从机理和机能上完善大学内部治理体系，改良院校的组织场域和文化。

首先，将学科治理诉诸实践，有助于促进学科的组织化建设及其学术共同体本性的复归。从理论上讲，学科在大学内部的制度化，自然意味着其组织化和建制化。但学科知识存在方式的特殊性，使得学科组织也可以一种虚拟的形式来集约所有符合其学科属性的实体形态，从而导致学科组织的虚拟存在情形。③ 实际上，在不少地方高校，受制于学科基础、制度和文化的薄弱，尽管其学科建设和发展的需求是迫切的，资源投入也是可观的，但学科组织本身却未必是实体化、组织化和建制化的。其学科的"组织化"，甚至仅仅体现在申报重点项目或学科学位授权点时的临时性成员拼凑、团队虚列、梯队虚建和方向虚构方面。实际上，学科的组织化建设正是学科建设的核心内容，因为学科建设本质上

---

① 王建华. 学科的境况与大学的遭遇[M]. 教育科学出版社，2014：147.

② 约翰·S. 布鲁贝克. 高等教育哲学[M]. 王承绪，郑继伟，等，译. 浙江教育出版社，1987：28.

③ 宣勇，凌健. 大学学科组织化：价值与路径[J]. 教育研究，2009(8)：32.

是对学科的发展加以规范、重组和创新,① 必然要求促进学科组织在知识生产、知识转化能力上的提升。② 学科治理的主张,恰恰强调的就是应有规范的学科组织和架构来负责本学科的核心决策,自然包含了学科的组织化建设这一"题中之义"与基本内容。

其次,将学科治理付诸实践,有利于改良院校的组织场域和治理格局,为大学学科建设与发展提供新的动力机制。从组织结构、组织文化与气候以及治理结构等角度来看,学科的地位较低、权能较弱、学科文化不彰,是我国大学和学院高度行政化的重要诱因。强调基于学科自主权的学科治理,在此基础上将基于学者专业能力的学科治理打造成学院治理中常态存在的内核,将会使学院层次的权力结构和治理格局发生向学科共同体、学术权力趋近的制度化矫正,从而改良院校层次的权力结构和治理格局,激发学科学者的学术话语权、集体决策权和工作的积极性及创造力。同时,学科治理的制度化展开,有利于学科建设和发展重大决策的民主化与科学化,并推动学科制度建设和学科文化培植,从而改造学院的组织文化与气候,为学科建设创造良好的学科制度文化生态,提供除学科资源要素投入之外的另一重动力——学科制度和文化驱动力。

最后,学科治理命题的提出和实践,将有效巩固教授治学的作用空间,有益于夯实大学的学科主旨和学术本位,遏制大学治理的行政主导倾向,促进大学学术本性和核心价值的重归。现代大学日渐走出"象牙塔",其公共性亦空前凸显,客观上易削弱学者的治理主体地位和动摇大学的学术逻辑。学科治理尽管并不排斥其他利益相关者对学科重大事务决策的间接参与,以及学科事务决策时对来自政府、社会及市场的外部合理需求的必要回应,但更多地强调本学科学者按行会方式进行的学科决策,坚决守护学科自身的内在知识逻辑。这种独特的决策主体、决

---

① 李铁君,田丽,朴雪涛.大学学科建设与发展论纲[M].中国社会科学出版社,2004:3.

② 宣勇.大学学科建设应该建什么[J].探索与争鸣,2016(7):30.

策方式和决策逻辑，有效地捍卫了学科自身的学术属性和教授治学的核心领地。不仅如此，学科治理实践的常态展开，还能一定程度上抑制大学的行政化倾向，保护大学组织的学术底色和快速前进时的学术航向，发挥督促大学坚守其学术本位的"压舱石"和"定位锚"作用。

第三节　学科治理的组织基础与运行机制

学科兼有知识和组织两重形态，学科的组织化是学科知识生产活动制度化及可持续发展的内在要求，也是学科治理命题得以成立的前提条件。在多元学科并立共生甚至相互交叉融合发展的现代大学里，学科作为一种基本的教育学术单元，仍有自身相对明确的组织边界。这种意义上的学科，外在表现为可归属于同一知识体系、在相同或相近知识领域内从事"智识劳作"的学者共同体。在大学里，这种学者共同体往往以特定的正式组织的形式出现，或者说，这种学者共同体被置于特定的正式组织框架之中，如讲座、学系、学院、学部等。不仅如此，在大学已走近社会的中心并成为现代社会的"轴心机构"之后，大学里的学科同样兼具知识性、公共性与社会性。随着大学走出"象牙塔"，大学里的学科在知识的溢出效应之下也开始"走向社会"，不仅直接或间接影响着大学外部重要利益相关方的价值和利益，而且成为社会各方高度关注、试图介入、积极影响甚至用力争夺的对象。当大学逐步深陷政府、社会和市场的多重影响关系网络后，大学中的学科自然同样如此，难以排斥政府的调控和引导、社会的关注和介入，以及市场的渗透和影响。在此特定生态下，大学学科重要事务决策的组织边界也趋于逐渐突破学科、学院和大学的固有边界，而延伸到大学之外，进入社会场域和市场体系。毫无疑问，较之"象牙塔"时代大学内部主要由学科按行会式决策机制来主导学科决策的情形，现代大学的学科重要事务决策已逐渐突破学科的组织边界而延伸到社会中，继而具有某种公共性或社会性。

学科的影响力漫延出大学组织，学科的建设发展突破学科和大学的利益边界而牵涉政府和社会的利益时，学科的决策自然就会突破大学的边界而变得更加复杂，学科也开始成为一种多元利益相关者组织，学科决策也开始呈现出潜在或现实的"多元利益与冲突"，学科决策的复杂性和风险也趋于浮现。如此，学科治理便不仅仅是一个抽象的理论命题，而是构成大学治理领域的重大现实课题。作为实践意义上的现实课题，我们有必要在学理分析的基础上，从学科治理的现实境遇出发，明确学科治理的必要组织基础与制度条件，并廓清学科治理的内在运行机制。惟其如此，方有可能在实践层面正确处理学科治理问题，规范开展学科治理行动。

一、学科治理的组织基础与条件

大学学科既是支撑大学这一"知识殿堂"的特定知识类别，又是大学内部从事特定学科知识生产的学者所构成的学术共同体。学科发展的要义在于学科理智的发展，但其保障条件则在于学科的组织化与制度化。在学科制度化的背景下，学科重大事务的决策必须经过特定的组织程序和制度平台来展开，尽管治理通常被认为"不是一种正式的制度，而是一种持续的互动"。① 在大学内部，围绕着学科重大事务的决策，学科治理这种持续的互动过程可能牵涉本学科、本学科及相关学科构成的学科群、学院、学部乃至大学等多个层级，具体内容则可能包含学科方向的凝练、学科师资的培植、学科团队的组建、学科资源的配置、学科平台的建设、学科成果的评价与奖励等，故以本学科成员的集体行会式决策为内核的学科治理，必须寻求同学院治理和大学治理的有效耦合，以保障学科善治目标的达成。不仅如此，在大学已走出"象牙塔"、成为社会"服务站"的现时代，很多学科尤其是那些应用型学科的发展，在肯定学者(团队)自主的自由探究之外，还应高度重视社会现实需求的外部牵引，以实现学科知识生产之内在驱动力和外部牵引力的有效结合，以及学科之知识生产与知识应用的融合。这也意味着，现代学科治

---

① 俞可平. 治理与善治[M]. 社会科学文献出版社，2000：5.

理的主体早已突破大学的边界，更加开放化和多元化。正是基于现代学科治理的复杂性，我们必须将其置于大学组织甚至开放系统的背景下予以探讨，必须关注其运作所仰赖的组织/系统支持因素，并努力突破这些组织/系统支持方面的短板。从高校学科治理的实际出发，制约学科治理行动及其效能的最大短板，无疑在于学科自主决策这一核心环节，再深究学科自主治理乏力的困境，则不难发现：学科的组织化进程滞后，乃是学科自主治理难以开展的组织症结所在。由此，突破学科组织化的短板，应成为强化学科治理组织支持的优先任务。

　　如同学科的制度化是有效促进学科治理的核心路径或手段一样，学科的组织化客观上亦构成学科治理的某种先决条件。组织形态优越于零散的若干个体的关键在于，组织至少能在一定程度上整合诸多个体共同价值与利益诉求的基础上，形成统一的组织目标，并经组织机制维系和强化成员间彼此协作的意愿及有效的信息沟通。没有学科的组织化作为基础，学科治理的展开就缺乏相应的组织条件。学科以及学科发展的诸项要素在大学组织内部是客观存在着的，但这并不意味着学科就能自动地实现组织化，发育成具有明确方向与目标、健全的规则与制度、相当有凝聚力与"战斗力"的学科组织。事实上，在不少院校尤其地方院校，学科师资队伍及学科文化与学术传统相对薄弱，在学科建设中长期缺乏对学科组织及其制度建设的必要关注和有效作为，学科组织流于形式或"名存实亡"的情形并不鲜见。由于知识存在方式的特殊性，学科组织可以一种虚拟的形式来集约所有符合其学科属性的实体形态，导致在现实中很多大学的学科组织都是一种虚拟的存在。①

　　从学科组织的发展历史来看，研究所、系科和学院等组织形式，都是在学科制度化的历史进程中作为学科依托载体而出现的。但我国的大学是典型的后发外生型大学，制约整个大学发展的制度环境又是高度行政化的，这意味着中国大学里以"系科""学院"等名称存在的学科组织，

---

① 宣勇，凌健. 大学学科组织化：价值与路径[J]. 教育研究，2009(8)：32-35.

又在一定程度上出现了对学科内涵和属性的背离。例如，研究所和系科是较为经典的学科组织形式，学院的组织形式则能较好地因应学科交叉融合、向综合化方向发展的趋势。但在高度行政化的中国大学内部，研究所虽然具备学术研究的功能，但却往往是行政领导或学术权威(此二者更时常合二为一，以"学官"的形式出现)强大个人意志的产物，其内部缺乏相应的学术自由与民主，并非基于学者研究兴趣相投而自发组合形成的行会式学术共同体。系科则多由原有的教研室升格或若干相近教研室组合而来，其职能重点在于组织教学而非开展研究，且同样行政色彩浓厚。在系科之上的学院，则明显兼具行政与学术双重属性，且同样发生了高度行政化的异化，更多地演变成为容纳一个或者多个相近一级学科栖身的组织平台，而非某个学科或学科群的组织化身。

现代学科的知识发展无论在深度还是广度上都是无止境的，这意味着特定的大学学科只能务实地选择在非常有限的"战线"上集中"优势兵力"来开展"攻坚战"，以寻求在相对狭窄的领域内取得知识生产的突破。显然，这种学科发展战略要求学科组织建设要正规化，以此谋求学科组织的知识生产力。有鉴于此，高校应注重学科层面的组织与制度建设，灵活采取研究所、系科或学院等既有的组织形式，并注重对其组织内涵、属性及生态予以回归学科取向的必要改造，将学科成员个体有效地组织起来，并在此基础上建构契合"学科方向——二级学科——一级学科——学科群"的学科层级链的多层次学科团队。在此问题上，有必要强调的是，学科团队才是各种学科组织的本质内涵所在，系所、学院等无非是包容不同层级学科团队的组织外壳。学科团队亦非若干学科成员的简单组合，而是依据学科成员研究方向及兴趣相近的原则，经自愿原则组合起来，以学术自由和学术民主为核心价值共识和文化整合机制，以德才兼备的学科带头人为学术领导，以共同的学术研究目标为统领的规模适度的学术共同体。学科团队的组建和运行，必须遵循学术本位的逻辑，保障学术自由的空气，发挥学术民主的作风，回归学术共同体的本原，这是学科组织化建设的灵魂所在。

二、学科治理的运行机制

学科治理的运行通常是在特定的组织框架或制度约束下展开的，故学科治理的组织框架往往也大体预设了学科治理的运行机制。现代大学的学科治理，必须置于大学内部共同治理的框架内，甚至置于大学与外部合作伙伴协同办学的开放系统内来审视、规划和设计。类似于大学治理，学科治理的利益相关方是多元的，且不同利益相关方对学科治理的参与度及话语权不应等量齐观（当然，这种参与度与话语权亦因决策议题而异），这就意味着可以将学科治理结构视为一个多层次的圈层结构。在这个类似于同心圆结构的学科治理结构中，本学科及相邻学科的学者、学院的领导管理者、大学的领导管理层以及学科、学院乃至大学的外部合作伙伴等，分别居于由内而外的不同决策位置上，拥有与各自权能地位相称的学科决策话语权。基于对学科治理结构的这种理解和把握，高校学科治理的运行机制似当包含以下几种。

（一）针对学科发展核心议题的学科学者行会式决策机制

如约翰·布鲁贝克和伯顿·克拉克等学者所言，高深知识是大学教育学术活动的操作材料，大学容纳众多学科栖身其中，并由此构成高深学问的"圣殿"。大学内部的分科治学格局，本身就彰显出高深知识的专业性和深奥性。不同的知识门类之所以构成相应的不同学科，是因为每一学科都有一种知识传统，即思想范畴，和相应的行为准则。进入不同学术领域的人，在各自的学科里分享有关理论、方法论、技术和问题的信念。① 归属某个学科的学者，不仅彼此共享本学科相对统一的概念、范畴、方法论、理论及话语体系，而且相对局外人更容易理解和把握本学科的前沿所在及发展方向，更了解本学科同行的研究方向、兴趣

---

① 伯顿·克拉克. 高等教育系统——学术组织的跨国研究[M]. 王承绪，等，译. 杭州大学出版社，1994：87.

及学术水平。由此，在涉及规划学科发展方向、确立重点研究领域、凝练学科特色优势、遴选学科带头人、组建各级学科团队、优化配置学科资源、鉴定评价学科成果以及制定学科发展政策等核心议题时，本学科的学者往往具有无与伦比的专业优势，这是其行使学术权力、深度参与学科治理的合法性基础。当然，在学科发展日渐呈现交叉融合趋势的综合性发展态势下，遵循学科群发展战略的若干相关学科，在实行学科治理时，无疑有必要吸纳学科群内的相关学科的学者参与学科核心议题的决策，以保证学科群内诸学科间的价值与利益平衡，维系诸学科之间的平等地位和伙伴关系。

在由学科学者就学科核心议题进行决策时，基于学科本身的学术共同体属性，行会式的民主决策方式无疑是最佳的决策机制选项。因为这种机制能最大限度地在学者群体内部保障学术自由，发挥学术民主，彰显学术本位逻辑，维系和巩固共同体内的共同学术信念。当然，学术决策权本质上仍是一种学术权力，学术权力的特点在于"理大力大"，故而学术权威较之一般学科成员在决策中具有更大的话语权。正如曾在哈佛大学担任文理学院院长长达 11 年之久的亨利·罗索夫斯基教授在总结大学有效管理的七条原则时所强调的：在大学，只有有知识的人才有资格拥有较大的发言权。① 这意味着，在学科治理的过程中，如何发挥学术权威的学术影响力与学术领导力，是一个重要的技术与制度问题。不言而喻，既充分发挥学术权威的引领作用，又有效保障学科成员的民主权利，经由充分的讨论、辩论来消除成员间的观点分歧，在取得相对共识的基础上达成一致意见，努力规避可能出现的"学霸"型寡头决策和将民主决策机械化而诱发的"多数人暴政"两种决策误区，是学科行会式民主决策所应追求的理想状态。

(二) 学科自主决策方案的学院和大学审查与反馈修正机制

从学科和大学的依存关系来看，大学的教育学术活动归根结底仰赖

---

① 亨利·罗索夫斯基. 美国校园文化——学生·教授·管理[M]. 谢宗仙，等，译. 山东人民出版社，1996：240.

于分布于大学底部的诸学科来完成，学科构成攸关学院和大学教育学术声誉的"产品线"，故有关学科重大事务的决策，首先应交给位于学科知识生产前沿的学者们来决策，让这些内行者来决策学科发展的核心议题，以保证决策的科学性。学科的自主治理，既是学科层面大学学术自主治理的题中之义，又是大学自主权和管理重心下移至学科的内在要求，更是大学内部共同治理和教授治学的根基所在。

当然，学科的治理、运行及发展的影响并不仅仅限于学科自身，而且牵涉容其栖身的学院和大学。"就像战争的意义太过重大，不能完全交给将军们决定一样"，① 学科重大事务的决策，无疑也不能完全交给教授们决定。因为学科学者的"小圈子"自主决策，易掉入"学科本位主义"的误区，即其决策往往会过于考虑本学科的发展，而忽视学院乃至大学的整体学科布局和发展战略。因此，在学科学者们的行会式决策之外，有必要增加学院乃至大学对特定学科自主决策的审查机制，以确保学科自主决策符合学院乃至大学的整体学科发展战略、方向与规划。若经审查发现学科的自主决策同学院乃至大学的整体学科发展规划存在矛盾之处，学院和学校有必要在同学科学者进行充分交流、沟通、协商的基础上，进行必要的反馈和修正，即责令学科按学院和学校的相关意见或建议，对原有决策方案进行调整或补充，然后再次提交学院乃至大学审议。必须强调的是，学院和大学审议机构对学科自主决策方案的审查，主要是一种对学科决策方案进行以学院和大学学科发展规划为依据的合规性审查，它必须以尊重学者在学科核心事务范围内的自主决策权为前提和基础，以切实保证学科治理所要求的核心事务内行决策原则。

鉴于学科治理的复杂性，大学内部的学科治理主体从学科一直延伸到学院和大学，故此三者有必要明确各自在学科治理问题上的关注焦点，以实现对学科治理的有效衔接与多方协同。对此，有学者强调，学校层面应关注目标、结构、重点、资源、评估五个方面；学科点层面

---

① 约翰·布鲁贝克.高等教育哲学[M].王承绪，译.浙江教育出版社，2002：32.

(院系)应抓住学科方向、队伍、项目、基地四个方面；学科群层面则介入两者之间。① 应当说，这种理论主张具有相当的实践洞察力和操作合理性，值得高校在学科治理实践中借鉴和参考。实际上，学科治理的分级共治，是高水平大学的通行做法。例如，北京大学是由院系来牵头一级学科、二级学科的治理，由学部来牵头一级学科群、二级学科群及交叉学科的治理，学校则负责谋划学科战略布局的顶层设计。② 这种对不同层级学科的分级治理和协同治理，有助于保障基层学科的自主权，发挥中层组织的协调作用，同时维护学校的顶层设计权能。

(三)学科重大议题决策的外部利益相关者介入机制

在大学走出象牙塔以后，外部需求已深刻地改变了传统的学科发展环境与动力机制。学科发展环境不再局限于相对封闭的校园，学科发展路径也不再完全局限于学者们基于自身兴趣的自主式探究。对学科知识生产具有强烈需求的社会组织乃至市场机构，不仅在客观上构成学科知识生产的重要环境因素，而且通过提出知识需求及研究课题、提供研究资助与信息支持、促成知识创新向科技成果转化等多种方式直接或间接地影响高校学科的知识生产与应用活动。客观地看，外部需求影响学科的知识生产与应用，是知识经济和知识社会兴起的必然结果。对这种外部需求动力予以正确引导，既防范其对高校学科知识生产领域的基础研究构成干扰，又充分利用其对应用研究的引领作用和催化效应，无疑是理性把握和科学因应现代学科发展所面对的外部需求驱动力的正确态度。

不仅如此，这种立场和态度也应落实于学科治理领域。简言之，我们应理性认识和科学处理学科发展外部利益相关者在学科重大事务决策中的参与度和话语权问题，这关乎学科良性发展的生态建构和动力机

---

① 刘献君. 大学之道[M]. 人民出版社，2015：270-271.
② 王周谊. 论"治理"视域下的大学学科建设[J]. 中国大学教学，2017(7)：41-45.

制。尤其对那些学科知识应用属性突出或将服务国家、地方经济社会发展战略需求作为学科发展战略的大学学科而言，吸纳外部重要利益相关者代表参与学科重大事务的决策，如对学科知识前沿的判断，对学科发展方向的凝练，对学科重点研究领域的规划，对学科发展战略和策略的研判，对学科组织的调整优化，对学科资源投入的论证，对学科成果的鉴定评价和制度激励等，具有优化学科决策主体来源、拓展决策者视野与思维、增进决策主体的实践智慧与信息宽度等重要价值，有助于推动学科决策的科学化。当然，应当注意的是，学科重大事务的核心决策主体，仍然应以大学内部专业人士和管理者为主，学科发展外部利益相关者在学科治理过程中更适宜以"智囊"的身份发挥作用，侧重于提供建设性的意见或建议。

至于外部利益相关者参与学科治理的具体方式，不妨结合学科、学院或大学的实际情况来科学设计，灵活处理。例如，对那些知识应用属性突出或强调产教融合战略的学科，可以采取建立学院或大学理事会，鼓励理事或顾问深度参与各级学科重大事务决策，以充分发挥其"校外智囊"的决策支持作用；可以采取邀请校外相关产业、行业或中介组织的资深专业人士参与学科重大决策之前的前期专题调研或研讨会等形式，积极听取他们的专业性意见或建议，作为后续校内学科治理的重要参考。

（四）贯穿学科治理全过程的文化整合机制

学科治理作为学科发展利益相关者之间围绕各自价值主张与利益诉求的持续互动和多方博弈，必须置于一定的文化生态当中，以特定的价值标准和文化氛围来予以规范和引导，方能确保这种互动的良性展开和博弈的正和取向。就此而言，在学科治理的全过程，都不可缺少基于学科文化、学术文化和大学文化的整合机制及其整合效应。

学界早已认识到，随着大学规模的扩大、学科的分化和职能的复杂化，大学已日渐成为高度异质化的组织。为实现这种高度分化甚至异质化的组织的有效整合，科层、市场和文化这三种机制都被用来寻求大学的整合。① 而学科治理行动，显然也属这种大学特有的整合行动之一。因为学科发展的不同利益相关者，各有其不同的价值主张与利益诉求。在此情形下，要确立学科发展的目标、方向、战略和行动路线，就有必要在遵循学科知识逻辑的前提下，在各方彼此有别的价值与利益诉求上寻求"最大公约数"，作为开展学科治理行动的共识基础。尽管学科事务最终决策的确定，离不开大学内部学科治理主体的行政权力或学术权力的运用，也必须充分观照和兼顾各利益相关方合理的价值与利益诉求，但各方基本共识的达成，更离不开学科治理过程中各方的平等参与、自由表达、交流沟通、平等协商、合理妥协与寻求共识。在学科事务决策的多方互动过程中，相关各方更多地借助于"讲道理、论事理、证公理"的方式，而非简单地诉诸力量的比拼或权力的较量。学科治理的这种特定场景，凸显的无疑是大学整合中的文化整合机制及其力量。在此过程中，学科文化为学科学者群体提供共享的价值标准和行为规范，学术文化为学科学者和学院及大学管理者提供彼此合作、求同存异的价值皈依，强调"和而不同"、倡导包容异质的大学文化则为学科发展诸利益相关方达成共识提供价值引导和文化诱导。因此，文化整合机制的运用，不仅贯穿于学科治理的全过程，而且构成决定学科治理成效的无形力量。理想的学科治理，本质上是基于文化引导的"软治理"。

第四节 学科治理制度化的实现路径

理论与实践之间存在复杂的关系，理论研究一方面触发于实践的需求，另一方面又为实践提供理论上的指导。学科治理作为大学治理领域的前沿课题，同样存在既触发于实践需求又服务于实践推展的矛盾运动。由此，研究者也应遵循这样的逻辑理路：首先，从大学学科建设的实践出发提出学科治理的命题，抛出在高校尤其地方院校中存在的学科

---

① 金顶兵，闵维方. 论大学组织的分化与整合[J]. 高等教育研究，2004（1）：32-38.

治理失范问题，以便借高校学科治理的鲜活实践素材来直观地认识这一实际问题；其次，将观察和分析视角从实践转向理论，对学科治理相关基础性学理问题进行理论上的辨析和澄清，提供相应的学理结论和理论认知；再次，以学科治理相关学理分析为基础，结合学科治理的实践课题，廓清学科治理正常开展的组织制度条件及其运行机制，对学科治理的运行提供理论指导；最后，再次回到大学的学科治理问题上，对学科治理的现实语境和制度化问题进行整体的解析，回答我国大学的学科治理如何走向制度化的路径问题，以期为我国高校的学科治理实践提供必要的行动指引和路线参考。

作为大学内部微观层面的治理领域和治理行动，学科治理具有特定的组织制度背景，这意味着探讨我国大学内部的学科治理问题，不宜简单地采取抽象的理论思辨式的分析，而应结合我国大学特有的组织制度生态，从其学科治理所置身的现实语境出发，在大学内外部治理环境与结构的特定框架中，来展开"基于实际、问题导向"的探讨。在此，拟客观总结我国大学学科治理的现实语境，分析其困顿归因，并提出相应的推进路径，为实践中学科治理的制度化提供行动参考。

一、学科治理的组织背景和现实语境

当我们考察大学学科的组织背景时，或者说当把目光投向高等教育的"生产车间"时，我们所看到的是一群群研究一门门知识的专业学者。这种一门门的知识称作"学科"，而组织正是围绕这些学科确立起来的。① 换言之，现代大学的"轴心结构"——系、研究所和学院等机构，都是因应学科的分化与综合的需要而建立起来的，其存在的理由就是学科及其发展。② 可见，大学是学科的组织外壳，以学科的发展为基础；

① 伯顿·克拉克. 高等教育新论——多学科的研究[M]. 王承绪，等，译. 浙江教育出版社，1998：107.
② 韩水法. 大学制度与学科发展[J]. 中国社会科学，2002(3)：77.

而学科则是大学的核心技术与基础性结构,① 是大学进行知识生产与传播的基本单位。只有以学科为基础,大学才能实现高深知识生产与传播的目的。学科的发展从根本上决定着大学教育与学术的发展,从整体上标示着大学的办学水平和学术声誉,故学科可谓大学的立学之基、兴学之本和强校之源。因此,对大学的治理,对学院尤其对学科的治理,当然应依循"基于学科"的逻辑展开,确立以学科治理为内核和逻辑的学院治理和大学治理。这是我们从学科的大学组织背景及学科之于大学的制度功能出发,就学科治理所作的理论推导。无疑,它勾勒的是学科治理的理想图景,或者说,是我们对学科治理的理想期待。

但大学终归不是一种理想的"乌托邦",相反,大学是一种现实的社会建构或社会建制。它固然是"遗传的产物",同时也是环境的产物。大学内部的学科同样如此,既受学科内在逻辑与发展规律的影响,又深受外部组织制度环境的形塑,理想图景和现实境遇也会存在重要落差。我们今天的大学存在明显的科层化特征,大学的学科共同体属性趋于扭曲,大学本身越来越成为校级行政机构的集合体而非学科共同体,② 院系等传统的学术单位也已经高度行政化,③ 其结果是学科在大学乃至学院治理中的主体地位日渐式微,很大程度上沦为院校治理的客体和科层管理的对象。具体表现为,本应强调学科专业属性发挥核心作用的学科重大事务决策,被完全置于院校行政化治理的轨道,被行政化的学院和大学治理所严重遮蔽;本应在学科建设尤其是学科重大事务决策中发挥作用的学科学者的"专业权力"与学术民主被严重遮蔽,导致专业权力的制度性抑制,学科的专业地位和专业尊严受损。在不少院校尤其是地方院校,这些实践误区已诱发诸多学科运行矛盾,如学科决策的非组织化、学科团队的"虚置化"、学科资源配置的行政化,以及学科文化生态的庸俗化等。显然,以院校科层为中心、忽视学科主体的内部治理格

---

① 王建华. 学科的境况与大学的遭遇[M]. 教育科学出版社, 2014: 105.
② 王建华. 学科的境况与大学的遭遇[M]. 教育科学出版社, 2014: 142.
③ 王建华. 学科的境况与大学的遭遇[M]. 教育科学出版社, 2014: 204.

局和学科建设趋向，严重抑制了学科的主体地位及学者的学术话语权，遮蔽了大学的学科主旨与学术本位，破坏了行政与学术之间的合理张力，进而制约大学教育与学术生产力的发挥。此外，倡导学科建设及学科发展过程中的学科主体地位复归和学科教师深度参与，也绝非意味着学科建设与发展诸多重大事务完全仅由本学科及其教师群体"说了算"，而排斥院校领导管理层及大学外部重要相关利益方的必要介入或影响。因为学科的自主治理一旦绝对化，将极可能引发学科内部学术霸权扩张、学科潜在惰性滋长、排斥新兴学科领域或方向、拒绝学科间对话与融合，以及漠视外部合理需求等不良后果，进而损害学科的教育学术生产力及其在大学内的存续合法性。

当前，国家的"双一流"建设已进入第二轮建设周期，正在持续深入推进。这项重大举措已空前提高了教育主管部门和大学领导管理层对学科、学科建设及其预期"学术绩效"的重视程度，完全可由此倒逼其对学科主体地位、学科自主权、学科教师话语权、学科治理结构与机制等一系列涉及学科治理的体制机制问题的改革。众所周知，学科建设是指学科主体根据社会发展的需要和学科发展的规律，结合自身实际，采取各种措施和手段促进学科发展和学科水平提高的一种社会实践活动。① 学科建设需要兼顾学科发展的内在逻辑(知识的逻辑)和外部逻辑(社会的需求)，依循国家、地方(省市)及学校有关学科总体布局、结构规划、重点方向和发展战略等宏观、中观、微观诸层面的指导意见，并且包括确定学科方向、选拔学科带头人、组建学科梯队、调整学科机构、建设学科基地以及营造学科环境等核心内容，② 是一项多元主体共同参与的系统工程。相应地，学科建设的实际运行则既包括以学科重大事务的决策为重心的学科治理环节，又包括以教学、研究乃至服务为核心内容，以学科教师为"生产者、劳动者"的学科教育学术生产活动，还包括执行学科建设相关规则、调配和集成学科资源要素、

---

① 罗云. 论大学学科建设[J]. 高等教育研究, 2005(7): 46.
② 罗云. 论大学学科建设[J]. 高等教育研究, 2005(7): 46.

跟踪和监测学科建设绩效等学科建设管理行为。其中，学科治理机制的设计与运行，关系到学科重大事务决策的过程与结果，直接影响到学科建设的预期成效。如果说高校尤其地方院校学科治理的失范问题及其后果使学科治理科学化、制度化的实践需求问题得以浮现，那么当前"双一流"建设推动的高校优势学科或重点学科建设行动则进一步强化了包括重点大学在内的所有高校在学科建设发展实践中的学科治理科学化、制度化需求。

学科是一种开放的共同体，学科治理强调多元主体的参与和互动，意味着大学知识规划及学科建设的利益相关者——政府相关部门、教育工作者、学生、专业学会、职业团体、出版机构甚至媒体①能够参与进来，且能通过一定的渠道影响学科重大事务的决策，尽管这种多元主体的参与并非意味着其对学科相关重大事务具有等量齐观的话语权和决策权（这既无必要又无可能，而且缺乏合理性）。虽然学科栖身于大学之内，但学科重大事务的决策事实上应在包括教育主管部门、大学合作伙伴、高教中介组织、大学与学院领导管理层以及作为学科成员的相关教师等多元治理主体的范围内展开，以确保学科治理兼容学科共同体"内行者决策"原则和学科外部利益相关方的合理参与原则，实现学科内外部重要利益相关方的价值与利益平衡。在此过程中，既要肯定在涉及特定学科诸如学科方向凝练、学科团队组建、学科带头人遴选、学科资源配置及学科基地建设等核心学术性事务的决策时，本学科的教师通过"行会式"机制进行的专业人士群体内的"内行决策"，又要确保学科共同体外部重要利益相关方对学科重大议题决策的合理参与，以保障学科重大议题的决策契合国家和地方有关学科建设甚至经济社会发展的总体规划、发展战略和重点方向，并在决策的落实过程中有效获取来自学院、学校乃至地方政府与社会的支持和保障。相应地，比较标准的学科治理模式，实际上近似于一种以本学科学者的行会式决策为内核，以学院和大学的统合决策为中圈，以大学外部重要利益相关方参与为外圈的

---

① 王建华.学科的境况与大学的遭遇[M].教育科学出版社，2014：105.

"圈层化"协同决策。这种多方协同、合作共赢的决策模式，既保证了学科教师基于其专业能力对学科重大核心学术性事务的专业化决策，又有助于避免绝对化学科自主治理可能诱发的诸如学科自我封闭、拒绝对话、排斥创新等可能弊端。观察我国高校内部学科治理的现状，不难发现，除学科治理被置于学院治理的轨道并由此具有明显的行政化色彩外，学科治理还具有较为普遍的封闭性。这种封闭性集中表现在，学科重要事务的决策更多地被视为学科或大学内部的事务，主要在大学甚至学科内部决策，从体制机制和治理结构上堵塞了大学外部重要利益相关方的合理参与，从而使学科决策完全在大学甚至学科组织边界内运行，呈现出明显的"内部人控制"特征。甚至在大学和学科组织边界内的封闭化决策，也呈现出具有某种共性的学科教师民主参与不足、学科带头人或负责人等少数关键人物主导决策的"寡头化"倾向。学科决策的封闭性，同学科治理所强调的民主开放、多元协商的决策理念和学科治理所追求的多元利益相关方在机制与利益平衡基础上的合力支持背道而驰，可能产生学科重要决策和学科发展生态等方面的风险。

二、学科治理的困顿归因

我国高校中学科治理所陷入的困境，既有学科自身尤其是学科组织、制度与文化建设方面的原因，又有大学内部组织、管理和治理等体制机制及组织文化方面的因素，还有涉及大学外部生态层面的政府调控、社会参与和市场渗透等环境因素。当然，学科栖身于大学之内，学科治理的重心仍然在于大学内部。

从大学内部尤其从学院治理的框架来观察学科治理，就应认识到：学科之于学院的地位与能量，学者群体之于学院领导管理层的力量对比，从根本上决定了学科治理在学院治理框架内的地位和作用。如果将研究型大学内部的学科治理同地方院校内部的学科治理进行对比，这种研判和推论更容易获得事实的支撑和佐证。一般而言，研究型大学内部存在相对较多的学术实力不俗的学者和学科，学术人力资本的高流动性意味着无论是学院还是大学都难以轻视学者群体的价值主张、民主权利和利益诉求，因为因学院或大学"软环境"因素导致核心学术人员的流失，学院和大学的发展将会蒙受人力资本和学术声誉方面的直接损失。凭借着自身的学术资本和学术力量，这些学者及其集合体——学科所掌握的专业话语权往往较为强大，相对较容易掌握学科决策的参与权，确保学者对学科决策的民主参与。学者个体及学科集体的这种专业权力，构成研究型大学优势学科抗衡学院科层结构及行政权力的组织基础，甚至构成持续改造和优化学院组织气候的核心动能。不仅如此，相当实力的学科队伍和学科共同体，往往会同步促进学科制度的建设，学科共同体文化、学术文化的生成，以及学科共同体的专业自治。反观大多数地方院校，有影响力的学者和学科并不多，少数学术实力相对突出的学者通常又已通过"学而优则仕"的机制升迁为"学官"，基层学术组织的正规化建设滞后，学术文化又相对薄弱，这种境况通常意味着"学官"们更容易通过兼任学科带头人等方式抢占行政权与学术权"合二为一"的"有利地形"，进而控制甚至把持相应的学科，将学科治理置于学院治理的轨道。可见，学科自身的学术人员构成和学术人力资本含量，是决定学科专业权力和学科组织化建设的关键因素，也是影响学科治理尤其学科的专业自主治理的核心变量。

在学科之外，学院和大学的组织架构、领导管理体制和组织文化，则构成影响学科治理的重要组织制度条件。在学科基础较好的高水平大学尤其研究型大学，校院二级管理体制落实较好，学校治理和管理的重心明显下移，二级学院和学科的自主权相对较大。这种组织架构和管理体制为学科的自主治理提供了有利的组织制度保障。相比之下，地方院校通常仍具有明显的大学组织权力集中、管理中心偏高等组织制度特征，二级学院及置身其中的学科自主权不足，学科自主治理的组织能量和组织气候欠佳。不仅如此，在学科组织内部，往往具有明显的"同构性"倾向，即学科相对有限的自主权又集中掌握在学科带头人或负责人等少数人手中，学科共同体内部的学术民主受到损害。当然，不言而喻，无论是学科、学院还是大学，其管理或治理的行动范式与制度倾向、组织的基本架构和运行取向，都折射出相应的组织气候和组织文化。行政化的治理和管理，往往与权力集中、重心偏高的组织体系和科层化的组织文化相生相伴，所凸显的自然是学科或学院共同体文化、学术文化和治理文化的薄弱。

就大学外部的环境因素而言，不同类型、层次的高校的学科，甚至同一高校的不同学科，所面临的外部环境也不尽相同。譬如，学科实力强劲的研究型大学，其优势学科的辐射力明显更强，会受到政府、社会和市场的更多关注，这些外部利益相关者对学科决策的关注度和参与意愿就更强。另外，这类大学在办学中更加注重开放性，重视同外部合作伙伴的交流合作，甚至已在长期的对外合作中建立起与外部的紧密联系，也愿意接受外部的适度参与或合理渗透。再如一些行业属性突出的行业性院校，其学科专业同特定行业之间具有明显的匹配性，其行业属性突出的优势学科，同样会出现外部利益相关方高度关注、有意参与，学科或学院也乐意与外部加强交流合作的情形。相比之下，地方院校一般学科基础相对薄弱、学科特色与比较优势不够突出，学科对地方经济社会发展的适配性、影响力和贡献度不够，学科运行和学科治理的封闭性就相对较为突出。当然，大学学科同其外部环境之间的双向影响和作用也是动态变化的。在高校面向社会和市场自主办学、校际竞争日渐激烈的背景下，外部社会环境和教育生态对高校的办学行动及其学科建设行为都具有越来越突出的引导作用，这意味着高校的学科治理越来越难以忽视外部力量的价值、利益诉求和参与意愿。

三、学科治理的推进路径

以开放系统的眼光来看，大学学科既是大学内部的教育学术单位和组织制度结构，又是社会开放系统中的社会组织结构或建制，兼有学术性和公共性。高校尤其是地方高校的学科治理要走出困境，寻找出路，就有必要遵循"在发展中解决问题"的战略思维和"多头并举，综合整治"的解决思路。

（一）高校应持之不懈地加强师资队伍建设，尤其是师资队伍的质量建设，并注意引导知名学者发挥其"制度企业家"的制度行动者角色与功能

学者不仅是学科的人力资本，而且是学院的组织要素。尽管学院作为大学内部学科的组织建制满足了学科制度化的需要，但学院本身并不能简单地等同于学科。学科作为学术共同体的载体，其功能性活动主要是教学、研究等学术活动，因此其治理从逻辑和机制上讲适宜于由学者们基于自组织性质的"行会式"机构来展开。尽管学科也关涉学者、学生、学院和学校等多重主体的价值与利益，并存在学科发展内在逻辑（即知识生产逻辑）和外在逻辑（即社会需求逻辑）的双重制约，这意味着不能不考虑学科外部其他利益相关方的合理诉求和参与意愿，意味着其治理行动需要适度观照学科发展的外在逻辑。要有效推进高校规范的学科治理，首先就需要从师资队伍建设层面夯实学科的学术人力资本根基，通过吸纳优秀学者进入学科队伍以抬升学科共同体内学者的学术力量和专业权力，为矫正学科治理的"学院化"和行政化奠定师资基础和学术资本，使学科治理回归正常的轨道和方向，形成更加强调基于学者们的集体决策以及开放扁平的学科治理架构。当学科聚集起一批高水平的学者，并通过学科的组织化建设①有效凝聚和整合其群体的专业权力之后，学科和学院，以及学者群体和学院科层结构之间的力量对比就会发生有利于学者和学科的显著变化，进而为学科治理的顺利推进创造条件。学科队伍的不断壮大，学者群体专业话语权的日益加强，会通过"量变引起质变"的方式形塑学院内部专业力量和科层结构之间的力量对比，进而优化学院治理结构和治理过程，促进学科治理从学院治理中的加速分化和相对独立，并构成学科治理制度化的保护性力量。

---

① 宣勇，凌健. 大学学科组织化建设：价值与路径[J]. 教育研究，2009(8)：35.

　　需要强调的是，无论是学科队伍的建设，还是以其为重要条件和基础的学科治理的开展，都必须依靠高水平的专家教授，特别是发挥伯乐型学科带头人的作用。① 因为学科重大事务的决策体现的是学术权力在学科治理中的运用，而学术决策通常依托于学者的专业研判能力，这意味着行会式的学科治理强调的一人一票的原则，可能又同拥有决策权的诸位学者在专业能力上的个体差异之间形成某种悖论。从学理上讲，基于专业能力的学术权力具有"力大权大"②的特性，学科资深学者因其专业能力上的"技高一筹"而应在学术事务决策中拥有事实上的更大发言权，才更加符合学术权力的分配与行使逻辑。在学术决策实践中，也应理性地承认，由于学术权威通常具有更深厚的学术造诣与学术实力，更丰富的学术经历、更开阔的学术视野和更精准的学术研判，在学科某些关键性问题上，如对本学科前沿的把握和对学科发展趋势的预测，对青年学者学术潜力的考察和判断等方面，较之一般教师会有更独到的认知或更精准的评价，所以赋予其在学科重大事务决策中以更大的话语权也并非全无道理。在高校学科种群中，地方院校整体上学科基础和师资队伍相对较弱，学科权威相对缺乏，且行政化的学科资源配置思维仍然占据主流，故在地方高校的学科治理实践中，首当其冲的不仅仅是培育和遴选德才兼备的学术精英群体，更重要的是如何处理正式决策时一人一票的公平原则同学术权威的特殊地位与话语权之间的关系，这是学科治理中应重视的一个关键问题。对高校尤其地方院校而言，一方面，应该努力维护正式决策机制的规则公平性与严肃性；另一方面，要切实尊重学术权威的特殊地位与作用，借助学科治理中的学术民主氛围和沟通研讨方式，在学术权威充分表达个人专业意见与建议以及在集体内部形成共识后再投票表决的程序，来实现确保民主决策和尊重学术权威的有机融合，既保障学术权威在学科治理中的核心地位和引领作用，又充分发挥学术共同体参与学科建设与发展的广度和

---

① 黄达人，等. 大学的声音[M]. 商务印书馆，2012：389.

② 夏再兴. 什么是学术权力？[J]. 咸宁师专学报，2001(1)：2.

效度。

任何组织的内部变革或新制度的创生，都需要相应的制度行动者和"制度企业家"发挥作用。所谓"制度企业家"，是指在组织中具有某种特定优势或特殊能量，能对组织的制度变迁发挥明显作用的制度行动者。在学科建设任务加重间接抬升学科地位与作用的情势下，高校内部科层制和学科型两种组织形态、价值标准、利益法则和制度秩序之间的裂痕会不断加大，从而为制度企业家推动制度变迁提供了契机。在此情形下，那些未担任党政领导职务且信奉专业权力价值的资深学者和在重点大学接受学术文化熏陶并以新入职教师身份进入学科的中青年教师，往往最适合于扮演"制度企业家"的角色。学科集体应积极制造促进学科治理的相关舆论，为上述"制度企业家"提供组织和舆论支持，激活其制度行动意愿，触发学科治理的实践进程。

(二)在加强学科队伍建设的同时，应当加强基层学术组织及学科组织的正规化建设

"正式的组织是一种在有意识的、审慎的、有意图的人们之间的合作。"①这意味着基层学术与学科组织建设不仅可以强化学科成员的身份认同，而且可以实现其个体专业权力的组织化，使其个体化的专业权力形成一个整体性的合力，用以提升自身在同学院科层结构博弈中的力量效能。同研究型大学相比，不少地方院校在学院层级不仅缺乏具备一定实力的学者群体，而且缺失正规化、建制化的学科组织体系依托。这种学科组织化建设的滞后，无疑削弱了整体实力本已相当有限的学者群体的专业权力及其行使效能。如同学科在制度化的进程中须栖身于学院获得体制化的保护一样，学者们的专业话语权只有在学科组织化的基础上，才能更加有效地实现组织化的凝聚与整合，形成塑造特定学科决策权安排(即学科治理结构)和持续优化学科事务决策过程(即学科治理过

①　巴纳德. 经理人员的职能[M]. 孙耀君，译. 中国社会科学出版社，1997：59.

程)的权力基础。

比较而言，较之学科基础深厚、师资力量强大的重点大学，地方院校在学科组织化方面依然任重道远。随着学科建设任务的加重，这类大学所肩负的学术研究任务更加突出，势必要求其对传统的以教学为主的学系组织系统予以调整，扩充以研究职能为主的研究所，形成若干结构化的学科团队。此外，还应当着力于学科发展使命的具体化、学科发展战略的清晰化、学科研究功能的凸显化、学科整体架构的有机化，以及学科成员间互动关系的结构化等更深层次的组织变革。学科组织化之后，在学科制度的规范和约束下，组织化的学科以有序的状态运行，相应地就分化出学科决策(即学科治理)和学科决策执行(学科管理)等运行环节。可见，无论是学科治理结构，还是学科治理过程，都以学科组织化为基础。同时，学科治理的反作用力，也可以推动学科的组织化进程。

(三)适时用制度来固化学科队伍及组织建设的成果，进一步推动有关学科及学科治理的制度体系建设

大学是高度制度化的组织，制度对大学组织行为具有重要的规范和引导作用。在推动学科治理制度化的进程中，要努力谋求学科队伍建设、组织建设和制度建设的相互促进状态。在此实践操作中，阶段性的制度建设应构成对前期学科博弈行动成果的制度性确认和保护，并为后续进一步的制度改良或完善奠定基础。类似于华为公司任正非先生在论及华为的管理改革时所主张的"先僵化，后优化，再固化"①那样，通过学科专业力量同学院科层结构博弈后获得的有利时机，及时按学科治理的逻辑建立起基本的学科治理结构，并诉诸实践，将学科治理结构先"僵化"下来，运作起来。在其后的学科治理的摸索性实践中，再结合实际情况逐步进行制度上的持续优化。在经过较长时间的持续性制度改良之后，再将行之有效的学科治理运行相关规则予以系统性的固化，形

---

① 周留征. 华为创新[M]. 机械工业出版社，2017：143-145.

成相应的制度体系。

学科治理的有效开展还需要学科层面的相应规则体系来约束和保障，这是学科治理对学科制度体系的客观需求。所谓学科制度体系，是指秉承确定的职业伦理体系的知识行动者，在特定学科的知识生产创新过程中所建构的规则体系。其基本要素涵括知识行动者群体及其职业伦理体系、学科培养制度、学科评价与奖惩制度以及学科基金制度。① 随着学科建设和学科治理的加强和深入推进，对学科制度的原始需求就会愈发强烈，客观上也会提升学科共同体乃至学科成员个体在学科决策过程中的"出场度"和"话语权"。以此为契机，在学科内少数资深学者的引领下，在整合学科成员价值与利益诉求的基础上，让学科共同体作为一个整体来发出自己的呼声，无疑是抗拒传统科层化治理、催生行会式学科治理的最佳途径和有效方式。在此过程中，学科专业力量的有效整合及其同科层结构之间的博弈，将直接决定着学科制度建设的速度和成效。

制度决定了人们的行为预期，是终极意义上的行为规范，对个体、组织和利益集团来说莫不如此。② 欲走出学科治理为学院治理所取代的误区，实现学科治理的规范化运作，无疑需要在学科组织化建设的基础上建立健全相应的制度体系。鉴于高校的二级学院一般仅设有为数不多的有限几个一级学科，因此在学院层级学术权力机构基本普遍建立、学院学术治理不断加强的有利形势下，似应同步建立起各一级学科的"行会式"专业权力机构，使其成为本学科学术性事务决策的核心，以保障学科的学术共同体属性和学术自由与民主原则。否则，"损失学术共同体，不仅仅是一件不幸的事情，还是一个巨大的灾难，因为它破坏了大学建立的基础——信念"。③ 当然，学科重大事务的决策，应在学院治理的框架内展开，以维护学院重大决策的严肃性和学院内部各学科之间

---

① 方文. 学科制度和社会认同[M]. 中国人民大学出版社，2008：32.

② 李凤圣. 制度高于技术[J]. 读书，2005(4)：86.

③ 罗德斯. 创造未来：美国大学的作用[M]. 王晓阳，等，译. 清华大学出版社，2007：57.

的平衡性。

（四）应在学科组织及制度建设的同时，加强学术及学科文化建设，构建学科文化生态

在学科队伍粗具规模后，应当适时加强学科成员内部的集体性专业活动，借以巩固强化同一学科成员群体内相同的价值观念、思维方式、专业信仰和认知图式，进一步加强基于特定学科文化的学术文化。实际上，学科本身作为一种知识的体系，在其演变和发展的过程中，基于本学科自成体系的知识以及特殊知识生产过程中形成的特定价值观、思想观念和伦理规范，会逐步形成特定的学科文化。这种学科文化，能强化学科成员对其所在学科的身份认同和归属感，客观上有助于提升学科内部的凝聚力和向心力。在融合多学科各自学科文化之上的学术文化，往往可以赋予诸学科成员对其共同性质的学术活动以共同意义上的理解，促进学科间的承认、理解和接纳，并形成其共有价值规范的文化。学科文化和学术文化不仅是学科治理得以制度化开展的重要文化背景，而且内在地赋予了学科治理以文化上的合法性。从本质上说，学科治理权力是一种基于学者专业话语权的组织化权力。这种专业权力要获得学院科层结构和官僚组织的尊重与妥协，除诉诸队伍、组织与制度建设外，必须仰仗相应的组织文化建设，从学术文化中寻找合法性确认和行动的力量。在学科文化和学术文化的建设基础上，应努力使学科成员深刻理解学科共同体的属性与价值，使学院乃至大学领导管理层领会和尊重学科共同体的自治逻辑，并在学院和大学内部形成一种尊重知识、尊重学者、尊重学科、尊重专业权力的组织气候，以夯实学科与学术文化赋予学科治理的合法性基础，让学科与学术文化成为学科治理制度化的"保护神"。

栖身于大学和学院中的学科本身是文化的凝聚点和生长点。① 知识性或者说文化性，赋予了学科以独特的组织特性，换言之，学科知识生

---

① 陈燮君.学科学导论：学科发展理论探索[M].上海三联书店，1991：141.

产方式的自组织性，内在要求学科掌握自身的自主权，包括学科治理的自主权，这也是学科共同体固有的基本信念。在学科共同体的运行中，我们应当重视从符号、惯例和行为等多重层面来守护和夯实这种基于共同核心信念的学科共同体文化，包括学科带头人、学术骨干的遴选，学科团队的组建和运作，学科内部研讨会的举办，学科平台的搭建和利用等，以充分发挥学科共同体文化对学科治理的"锚定"功能。另外，治理本身即是对"统治"的超越，它内含民主的精神和互动的取向，也是学者们天然亲近的观念和价值，可以成为学科争取自主权、探索学科治理的另一种思想资源和观念力量。

文化的核心要素在于拥有足以影响人的行为的价值观和精神，故学科文化和学术文化的首要建设主体当然是大学里拥有学者身份的教师。于某一学科而言，经学术民主程序遴选出的学科骨干和学科带头人，必须从学科文化的高度，保持文化自觉，切实做到以身作则，坚守和弘扬学科文化、学术文化和共同体文化，并以此激活整个学科良性文化的生长和文化生态的培育。有学科文化、学术文化和学术共同体文化的有效培植和持续生长，在学科、学院和大学内部就会慢慢形成以学科为重、学术为本的组织气候和文化氛围，进而影响学科、学院和大学的治理实践。重点大学和普通地方院校在学科治理实践层面的明显差距，不仅仅在于二者间学科基础和师资队伍方面的明显差异，而且在于二者间学科文化、学术文化和共同体文化方面的显著差距。学院和大学治理框架内的学科治理行为和过程，如果要确保其在实践中不"走样"或异化，作为"压舱石"的文化的稳定和规范功能就必需得到充分的发挥。

（五）应本着开放系统和多元共治的思维，以重塑学科治理结构为基点，完善学科治理机制，确立学科合作治理和协同治理的思路与策略

从现代学科的多重属性和发展逻辑出发，学科治理行动要求既坚持学科专业权力在学科治理中的核心地位，又务实地谋求学科治理同院校治理及学术治理的兼容和耦合，并积极响应外部政府、社会乃至市场的相关合理需求，确保学科同院校、政府、社会等各利益相关方在价值与利益诉求上的一致性，为学科治理的启动和制度化奠定基础，排除阻力。学科治理固然不能虚置学科的专业权力和教师的决策权，但也不应简单地采取绝对化的"学科中心主义"，忽视甚至漠视院校、政府及社会、市场等方面的其他重要利益相关者的价值与利益诉求。学科是大学学科共同体中的一员，学科治理相应地必须内嵌于院校治理体系当中，而不能"自我孤立，画地为牢"。无论是学科重大事务的科学决策，还是学科决策的落实及学科建设的展开，都离不开校内学术权力与行政权力的合作、院校两级的行政支持与保障、政府部门的支持和监管，以及社会及市场的介入与引导。以合作治理和协同治理的思路来尝试学科治理，谋求与各利益相关方之间的价值共识与利益共赢，显然是作为新生事物的学科治理获得更多宽容、认同与支持，以期先"站稳脚跟"后"阔步行走"的最佳策略。

在现阶段，不妨借"双一流"建设进程中各高校学科建设和师资队伍建设空前加强的有利时机，由学科学者张扬学科共同体观念及学科自主治理理念，引导校内舆论，助推学科专业话语权、自主权和治理权的确立。"双一流"建设强化了高校的学科建设压力，学科、学术和学者的地位和作用实际上在悄然提高，这恰恰是学科提升其话语权、争取自主权的难得契机。同一学科的教师在相同的学术专业中工作，分享相关理论，① 由此具有相同的学科认同和学科归属，加之其在行政化治理格局下的相同境遇，往往会引发其形成某种高度近似的文化倾向和心理认知。这些都是激活学科教师专业权力诉求和学科集体权力意识的重要组织条件和文化心理基础。经由学科内部个别或少数知名学者的呼吁行动，或是学科内部部分教师之间的非正式倡议，有关学科自主权的价值主张往往能引发学科教师的群体共鸣和积极回应。而学科自主权的价值诉求一旦获得整个学科群体的倡议，将会构成迫使学院、学校层面释放学科治理自主权的强大舆论压力和民意基础，进而触发相关的学科治理

---

① 伯顿·克拉克. 高等教育系统——学术组织的跨国研究[M]. 王承绪，等，译. 杭州大学出版社，1994：87.

变革。

　　另外，"双一流"建设行动对学科建设的空前关注和高校、学科之间日益激烈的竞争，客观上也有助于大学、学院和学科树立开放办学的意识和思维，进而助益于学科治理结构的多元一体化改造和学科治理机制的多元参与优化。在市场经济条件下，外部力量对大学和学科治理的关注、参与和介入，对大学和学科而言既是挑战也是机遇，大学和学科均应以积极开放的心态来应对。在大学走出象牙塔的时代，学科同样不应无视外部的合理需求和参与意愿而"闭门造车式"开展建设和谋求发展，相反，应积极关注和回应外部的合理需求与诉求，在坚持本体知识逻辑的同时融合外部需求逻辑，使外部需求成为学科建设发展的重要牵引力，外部力量成为学科建设发展的重要助力。在学科治理行动的"对外开放"和"内外联动"方面，研究型大学和行业性高校的优势学科提供了重要的示范作用，值得地方院校及其内部的学科学习和借鉴。

参 考 文 献

(一)著作类文献

1. E. 阿什比. 科技发达时代的大学教育[M]. 滕大春，等，译. 人民教育出版社，1983.

2. 弗莱蒙特·E. 卡斯特，詹姆斯·E. 罗森茨韦克. 组织与管理：系统方法与权变方法[M]. 中国社会科学出版社，1985.

3. S.E. 佛罗斯特. 西方教育的历史和哲学基础[M]. 华夏出版社，1987.

4. 克拉克·克尔. 大学的功用[M]. 陈学飞，等，译. 江西教育出版社，1993.

5. 伯顿·克拉克. 高等教育系统——学术组织的跨国研究[M]. 王承绪，等，译. 杭州大学出版社，1994.

6. 查尔斯·沃尔夫. 市场或政府——权衡两种不完善的选择[M]. 中国发展出版社，1994.

7. 瓦尔·卡尔松，什里达特·兰法尔. 天涯成比邻——全球治理委员会的报告[M]. 中国对外翻译出版公司，1995.

8. 戴维·奥斯本，特德·盖布勒. 改革政府：企业精神如何改革公营部门[M]. 上海译文出版社，1996.

9. 露丝·海荷. 东西方大学与文化[M]. 赵曙明，等，译. 湖北教育出版社，1996.

10. 韦伯. 经济、诸社会领域及权力[M]. 李强，译. 三联书店，1998.

11. 亨利·罗索夫斯基. 美国校园文化——学生·教授·管理[M].谢宗仙，等，译. 山东人民出版社，1996.

12. 大塚丰. 现代中国高等教育的形成[M]. 黄福涛，译. 北京师范大学出版社，1998.

13. 华勒斯坦，等. 学科·知识·权力[M]. 刘健芝，等，译. 上海三联书店，1999.

14. 许美德. 中国大学 1895—1995：一个文化冲突的世纪[M]. 许洁英，等，译. 教育科学出版社，2000.

15. 埃莉诺·奥斯特罗姆. 公共事物的治理之道：集体行动制度的演进[M]. 余逊达，陈旭东，译. 三联书店，2000.

16. 詹姆斯·N. 罗西瑙，等. 没有政府的治理[M]. 张胜军，等，译. 江西人民出版社，2001.

17. 奥尔托加·加塞特. 大学的使命[M]. 徐小洲，等，译. 浙江教育出版社，2001.

18. 约翰·S. 布鲁贝克. 高等教育哲学[M]. 王承绪，等，译. 浙江教育出版社，2001.

19. 伯顿·克拉克. 高等教育新论——多学科的研究[M]. 王承绪，等，译. 浙江教育出版社，2001.

20. 克拉克·克尔. 高等教育不能回避历史：21 世纪的问题[M]. 王承绪，译. 浙江教育出版社，2001.

21. 德里克·博克. 走出象牙塔——现代大学的社会责任[M]. 徐小洲，等，译. 浙江教育出版社，2001.

22. 约翰·范德格拉夫. 学术权力——七国高等教育管理体制比较[M]. 王承绪，等，译. 浙江教育出版社，2001.

23. 菲利普·G. 阿特巴赫. 比较高等教育：知识、大学与发展[M]. 人民教育出版社，2001.

24. 罗伯特·赫钦斯. 美国高等教育[M]. 汪利兵，译. 浙江教育出版社，2001.

25. 罗伯特·G. 欧文斯. 教育组织行为学[M]. 袁振国, 等, 译. 华东师范大学出版社, 2001.

26. 唐纳德·肯尼迪. 学术责任[M]. 阎凤桥, 等, 译. 新华出版社, 2002.

27. W. 理查德·斯科特. 组织理论[M]. 华夏出版社, 2002.

28. 罗伯特·伯恩鲍姆. 大学运行模式[M]. 别敦荣, 等, 译. 中国海洋大学出版社, 2003.

29. 理查德·H. 霍尔. 组织：结构、过程及结果[M]. 张友星, 等, 译. 上海财经大学出版社, 2003.

30. 朱丽·汤普森·克莱恩. 跨越边界——知识、学科、学科互涉[M]. 姜智芹, 译. 南京大学出版社, 2005.

31. 阿尔特巴赫. 21 世纪美国高等教育——社会、政治、经济的挑战[M]. 杨耕, 等, 译. 北京师范大学出版社, 2005.

32. 詹姆斯·杜德斯达. 21 世纪的大学[M]. 刘彤, 等, 译. 北京大学出版社, 2005.

33. 戴维·斯沃茨. 文化与权力：布尔迪厄的社会学[M]. 陶东风, 译. 上海译文出版社, 2006.

34. 詹姆斯·杜德斯达, 弗瑞斯·沃马克. 美国公立大学的未来[M]. 北京大学出版社, 2006.

35. 迈克尔·夏托克. 成功大学的管理之道[M]. 范怡红, 等, 译. 北京大学出版社, 2006.

36. 弗兰克·罗德斯. 创造未来：美国大学的作用[M]. 王晓阳, 等, 译. 清华大学出版社, 2007.

37. 露易丝·莫利. 高等教育的质量与权力[M]. 罗慧芳, 译. 北京师范大学出版社, 2008.

38. 戴维·沃森. 高等院校公民与社区参与管理[M]. 马忠虎, 译. 南京大学出版社, 2008.

39. 沃尔特·W. 鲍威尔, 保罗·J. 迪马吉奥. 组织分析的新制度主义[M]. 姚伟, 译. 上海人民出版社, 2008.

40. W. 理查德·斯科特. 制度与组织——思想观念与物质利益[M]. 姚伟, 王黎芳, 译. 中国人民大学出版社, 2010.

41. 皮埃尔·戈丹. 何谓治理[M]. 钟震宇, 译. 社会科学文献出版社, 2010.

42. 罗纳德·G. 艾伦伯格. 美国的大学治理[M]. 沈文钦, 等, 译. 北京大学出版社, 2010.

43. 高奇. 中国高等教育思想史[M]. 人民教育出版社, 1992.

44. 曲士培. 中国大学教育发展史[M]. 山西教育出版社, 1993.

45. 文辅相. 中国高等教育目标论[M]. 华中理工大学出版社, 1995.

46. 涂又光. 中国高等教育史论[M]. 湖北教育出版社, 1997.

47. 毛寿龙. 西方政府的治道变革[M]. 中国人民大学出版社, 1998.

48. 吴志功. 现代大学组织结构设计[M]. 北京师范大学出版社, 1998.

49. 贺国庆. 德国和美国大学发达史[M]. 人民教育出版社, 1998.

50. 张应强. 文化视野中的高等教育[M]. 南京师范大学出版社, 1999.

51. 杨东平. 大学精神[M]. 辽海出版社, 1999.

52. 俞可平. 治理与善治[M]. 社会科学文献出版社, 2000.

53. 刘献君. 大学之思与大学之治[M]. 华中理工大学出版社, 2000.

54. 别敦荣. 中美大学学术管理[M]. 华中理工大学出版社, 2000.

55. 刘建军. 单位中国——社会调控体系中的个人、组织与国家[M]. 天津人民出版社, 2000.

56. 潘懋元. 多学科观点的高等教育研究[M]. 上海教育出版社, 2001.

57. 李铁君, 田丽, 朴雪涛. 大学学科建设与发展论纲[M]. 中国社会科学出版社, 2004.

58. 杨东平. 倾斜的金字塔[M]. 天津人民出版社, 2002.

59. 周雪光. 组织社会学十讲[M]. 社会科学文献出版社, 2003.

60. 黄福涛. 外国高等教育史[M]. 上海教育出版社, 2003.

61. 周光礼. 学术自由与社会干预[M]. 华中科技大学出版社, 2003.

62. 李汉林. 中国单位社会：议论、思考与研究[M]. 上海人民出版社, 2004.

63. 薛晓源, 陈家刚. 全球化与新制度主义[M]. 社会科学文献出版社, 2004.

64. 甘阳, 李猛. 中国大学改革之道[M]. 上海人民出版社, 2004.

65. 张楚廷. 高等教育哲学[M]. 湖南教育出版社, 2004.

66. 邢克超. 共性与个性：国际高等教育改革比较研究[M]. 人民教育出版社, 2004.

67. 韩骅. 学术自治：大学之魂[M]. 中国文史出版社, 2005.

68. 丁东, 等. 大学沉思录[M]. 广西师范大学出版社, 2005.

69. 董云川. 找回大学精神[M]. 云南大学出版社, 2005.

70. 张维迎. 大学的逻辑[M]. 北京大学出版社, 2005.

71. 王孙禺, 等. 高等教育组织与管理[M]. 高等教育出版社, 2005.

72. 郭为藩. 转变中的大学：传统、议题与前景[M]. 北京大学出版社, 2006.

73. 胡建华, 等. 大学制度改革论[M]. 南京师范大学出版社, 2006.

74. 庞青山. 大学学科论[M]. 广东教育出版社, 2006.

75. 张永宏. 组织社会学的新制度主义学派[M]. 上海人民出版社, 2007.

76. 潘懋元. 潘懋元论高等教育[M]. 福建教育出版社, 2007.

77. 张正峰. 权力的表达：中国近代大学教授权力制度研究[M]. 福建教育出版社, 2007.

78. 朱新梅. 政府干预与大学公共性的实现：中国大学的公共性研究[M]. 教育科学出版社, 2007.

79. 林荣日. 制度变迁中的权力博弈[M]. 复旦大学出版社, 2007.

80. 韩水法. 大学与学术[M]. 北京大学出版社, 2008.

81. 李福华. 大学治理的理论基础与组织架构[M]. 教育科学出版社, 2008.

82. 陈平原. 大学何为[M]. 北京大学出版社, 2008.

83. 谷贤林. 美国研究型大学管理[M]. 教育科学出版社, 2008.

84. 方文. 学科制度和社会认同[M]. 中国人民大学出版社, 2008.

85. 金子元久. 大学教育力[M]. 徐国兴, 等, 译. 华东师范大学出版社, 2009.

86. 陈久青. 大学学科建设论稿[M]. 湖北人民出版社, 2009.

87. 谢为禄. 高等教育法制的结构与变迁[M]. 南京大学出版社, 2008.

88. 应望江. 中国高等教育改革与发展30年(1978—2008)[M]. 上海财经大学出版社, 2008.

89. 王建华. 第三部门视野中的现代大学制度[M]. 广东高教出版社, 2008.

90. 熊耕. 美国高等教育协会组织研究[M]. 知识产权出版社, 2009.

91. 郭毅, 等. 组织与战略管理的新制度主义视野[M]. 上海人民出版社, 2009.

92. 龚怡祖. 当代教育行政原理[M]. 北京大学出版社, 2009.

93. 刘道玉. 创造：一流大学之魂[M]. 武汉大学出版社, 2009.

94. 刘道玉. 中国高校之殇[M]. 湖北人民出版社, 2010.

95. 洪源渤. 共同治理——论大学法人治理结构[M]. 科学出版社, 2010.

96. 欧阳光华. 董事、校长与教授——美国大学治理结构研究[M]. 高等教育出版社, 2011.

97. 张国有. 大学章程[M]. 北京大学出版社, 2011.

98. 黄达人, 等. 大学的声音[M]. 商务印书馆, 2012.

99. 陈立鹏. 大学章程研究——理论与实践的探索[M]. 北京大学出版社, 2012.

100. 郭为禄, 林炊利. 大学运行模式再造——大学内部决策系统改革的路径选择[M]. 上海教育出版社, 2012.

101. 孙霄兵. 中国特色现代大学制度建设研究[M]. 教育科学出版社, 2012.

102. 李福华. 大学治理与大学管理[M]. 人民出版社, 2012.

103. 黄达人, 等. 大学的治理[M]. 商务印书馆, 2013.

104. 许为民. 学术与行政：中外大学治理结构案例研究[M]. 浙江大学出版社, 2013.

105. 李维安, 王世权. 大学治理[M]. 机械工业出版社, 2013.

106. 张国有. 大学理念、规则与大学治理[M]. 北京大学出版社, 2013.

107. 蒋达勇. 现代国家建构中的大学治理：基于中国经验的实证分析[M]. 中国社会科学出版社, 2014.

108. 王建华. 学科的境况与大学的遭遇[M]. 教育科学出版社, 2014.

109. 顾明远, 曲恒昌. 理念与制度：现代大学治理[M]. 山东教育出版社, 2015.

110. 龚怡祖. 大学的梦想——龚怡祖文集[M]. 南京大学出版社, 2016.

111. 顾建民, 等. 大学治理模式及其形成机理[M]. 浙江大学出版社, 2017.

112. 毕宪顺. 大学治理：理念·规制[M]. 科学出版社, 2017.

113. 林建华. 校长观点：大学的改革与未来[M]. 东方出版中心, 2018.

114. 钱颖一. 大学的改革[M]. 中信出版社, 2018.

115. 陈彬. 良法与善治: 中国大学治理现代化探究[M]. 华中师范大学出版社, 2018.

116. 张国有. 大学的核心使命与管理机制[M]. 北京大学出版社, 2019.

117. 胡建华, 王建华, 陈何芳. 大学内部治理论[M]. 南京师范大学出版社, 2019.

118. 龙献忠. 大学治理与大学发展[M]. 中央编译出版社, 2020.

119. 李喆. 大学治理行思录[M]. 新华出版社, 2020.

120. 罗志敏. 新时期大学治理改革研究[M]. 科学出版社, 2020.

121. 秦惠民. 教育法治与大学治理[M]. 人民出版社, 2021.

(二)论文类文献

1. 阎光才. 识读大学: 组织文化的视角[D]. 华东师范大学, 2001.

2. 凌四立. 大学学科群系统演进中的学术团队及其治理研究[D]. 中南大学, 2006.

3. 龙献忠. 从统治到治理——治理理论视野中的政府与大学关系研究[D]. 华中科技大学, 2005.

4. 郭卉. 权利诉求与大学治理——中国大学教师利益表达的制度运作[D]. 华中科技大学, 2006.

5. 苗素莲. 中国大学组织特性历史演变研究[D]. 华东师范大学, 2006.

6. 刘晖. 转型期的地方大学治理[D]. 厦门大学, 2007.

7. 贾莉莉. 基于学科的大学学术组织研究[D]. 华东师范大学, 2008.

8. 王志彦. 中国大学学术组织结构与运行模式研究[D]. 华中科技大学, 2008.

9. 于杨. 治理理论视域下现代美国大学共同治理理念与实践研究

［D］. 东北师范大学，2009.

10. 余承海. 美国州立大学治理结构研究［D］. 南京师范大学，2011.

11. 邓磊. 中世纪大学组织权力研究［D］. 西南大学，2011.

12. 郭平. 我国公办院校内部治理结构研究［D］. 西南大学，2012.

13. 吴明华. 现代大学的治理逻辑及其在中国大学的实施路径研究［D］. 上海交通大学，2013.

14. 刘恩允. 治理理论视阈下的我国大学院系治理研究［D］. 苏州大学，2014.

15. 卞良. 中国研究型大学二级学院内部治理及其影响因素研究［D］. 华中科技大学，2017.

16. 杨朔镔. 大学基层学术组织的生态化治理研究［D］. 东北师范大学，2019.

17. 李立国，冯鹏达. 从学科建设到学科治理：基于松散耦合理论的考察［J］. 华东师范大学学报（教育科学版），2022(2).

18. 滕大春. 英国大学的领导和管理［J］. 辽宁教育研究，1982(3).

19. 吴小平. 美国大学的内部管理体制［J］. 比较教育研究，1986(3).

20. 张康之. 管理的文化自觉及其依皈（归）［J］. 新视野，1992(2).

21. 许晓东. 学术权力与行政权力——大学与国家关系的组织分析［J］. 教育发展研究，1993(1).

22. 韩骅. 论"教授治校"［J］. 高等教育研究，1996(6).

23. 许宏. 德、英、美三国高等学校组织结构的比较与分析［J］. 比较教育研究，1997(2).

24. 任剑涛. 大学的主义和主义的大学［J］. 东方文化，1998(5).

25. 董云川. 中国高等教育政治化基因浅析［J］. 教育发展研究，2002(11).

26. 薛澜. 跳出学术行政化的怪圈［J］. 科学学与科学技术管理，

2003(4).

27. 孔垂谦. 制度环境与大学组织的现代性[J]. 清华大学教育研究, 2004(2).

28. 曹卫星. 提升高校学术权力, 探索中国特色的教授治教模式[J]. 中国高等教育, 2004(1).

29. 金顶兵, 闵维方. 论大学组织的分化与整合[J]. 高等教育研究, 2004(1).

30. 毕宪顺. 高校学术权力与行政权力的耦合及机制创新[J]. 教育研究, 2004(9).

31. 赵春华. 大学学术权力的法律规制[J]. 武汉大学学报(哲学社会科学版), 2005(4).

32. 王英杰. 大学危机: 不容忽视的难题[J]. 探索与争鸣, 2005(3).

33. 魏海苓. 大学治理的现代性与后现代性[J]. 高等教育研究, 2005(3).

34. 韩水法. 世上已无蔡元培[J]. 读书, 2005(4).

35. 宋伟. 存在与本质: 研究型大学中的学术权力[J]. 教育研究, 2006(3).

36. 王英杰. 大学学术权力和行政权力冲突解析——一个文化的视角[J]. 北京大学教育评论, 2007(1).

37. 新制度主义与教育研究[J]. 北京大学教育评论, 2007(1).

38. 甘永涛. 英国大学治理结构的演变[J]. 高等教育研究, 2007(9).

39. 刘晖. 他们眼中的地方大学治理——珠江三角洲四所地方大学校长叙事探究[J]. 教育研究, 2007(5).

40. 蔡磊砢. 蔡元培时代的北大"教授治校"制度: 困境与变迁[J]. 高等教育研究, 2007(2).

41. 龚怡祖. 现代大学治理结构: 真实命题及中国语境[J]. 公共管理学报, 2008(4).

42. 李金奇. 美、德、法高等学校内部管理系统的比较[J]. 科技进步与对策, 2008(4).

43. 龚怡祖. 大学管理重心定位的理论分析[J]. 北京大学教育评论, 2009(4).

44. 龚怡祖. 大学治理结构：现代大学制度的基石[J]. 教育研究, 2009(6).

45. 李建奇. 我国大学治理结构变迁的路径选择[J]. 高等教育研究, 2009(5).

46. 刘道玉. 中国高等教育六十年的变迁[J]. 高教探索, 2009(5).

47. 秦惠民. 我国大学内部治理中的权力制衡与协调——对我国大学权力现象的解析[J]. 中国高教研究, 2009(8).

48. 王英杰. 学术神圣：大学制度构建的基石[J]. 探索与争鸣, 2010(3).

49. 任剑涛. 突破政治替代教育的瓶颈[J]. 探索与争鸣, 2010(3).

50. 冯向东. 大学学术权力的实践逻辑[J]. 高等教育研究, 2010(4).

51. 鲁道夫·施迪希伟. 德国大学的制度结构[J]. 北京大学教育评论, 2010(3).

52. 宣勇. 外儒内道：大学去行政化的策略[J]. 教育研究, 2010(6).

53. 马怀德. 欧洲大学校长选拔制度与大学治理结构[J]. 教育研究, 2011(2).

54. 顾建民. 超越大学治理结构——关于大学实现有效治理的思考[J]. 高等教育研究, 2011(9).

55. 沈文钦, 刘子瑜. 层级管理与横向交叉：知识发展对学科目录管理的挑战[J]. 北京大学教育评论, 2011(4).

56. 董泽芳, 岳奎. 完善大学治理结构的思考与建议[J]. 高等教育研究, 2012(1).

57. 王建华. 中国大学转型与去行政化[J]. 清华大学教育研究,

173

2012(1).

58. 周作宇. 论大学组织冲突[J]. 教育研究, 2012(9).

59. 谢作诗, 陈刚, 马汴京. 大学治理: 交易费用经济学的视角[J]. 教育研究, 2012(9).

60. 王洪才. 大学治理的内在逻辑与模式选择[J]. 高等教育研究, 2012(9).

61. 张应强, 蒋华林. 关于中国特色现代大学制度的理论认识[J]. 教育研究, 2013(11).

62. 王建华. 知识规划与学科建设[J]. 高等教育研究, 2013(5).

63. 余承海, 程宽晋. 美国公立大学治理的政治化及其启示[J]. 高等教育研究, 2013(8).

64. 张应强. 全球化背景下的我国现代大学制度改革[J]. 高等教育研究, 2013(9).

65. 蒋达勇, 王金红. 现代国家建构中的大学治理——中国大学治理历史演进与实践逻辑的整体性考察[J]. 高等教育研究, 2014(1).

66. 王世权, 刘桂秋. 大学社会责任的本原性质、履约机理与治理要义[J]. 教育研究, 2014(4).

67. 李立国, 王梦然. 制度与人: 大学治理的建构与演进[J]. 中国高教研究, 2021(9).

68. 周光礼. 实现三大转变, 推进中国大学治理现代化[J]. 教育研究, 2015(11).

69. 李福华, 王颖, 赵普光. 论大学治理与大学管理的协同推进[J]. 高等教育研究, 2015(4).

70. 王建华. 重思大学的治理[J]. 高等教育研究, 2015(10).

71. 孙绵涛. 大学治理: 治理什么, 如何治理[J]. 教育研究, 2015(11).

72. 李福华. 论我国高等学校管理决策中的票决制与议决制[J]. 清华大学教育研究, 2015(7).

73. 王洪才. 大学治理: 理想·现实·未来[J]. 高等教育研究,

2016(9).

74. 马培培. 论美国大学治理中的学生参与[J]. 高等教育研究, 2016(2).

75. 于文明, 卢伟. 治理理论的适用性及大学治理的中国实践方略[J]. 高等教育研究, 2016(10).

76. 王建华. 学院的性质及其治理[J]. 中国高教研究, 2017(1).

77. 任增元, 张丽莎. 现代大学的适应、变革与超越——基于欧美大学史的检视[J]. 教育研究, 2017(4).

78. 张东, 苏步杰. 大学外部治理的逻辑转换与运行机制[J]. 教育研究, 2017(7).

79. 秦惠民. 从渐进放权走向法治——对高教简政放权的趋势解读[J]. 探索与争鸣, 2017(8).

80. 张洋磊, 张应强. 大学跨学科学术组织发展的冲突及其治理[J]. 教育研究, 2017(9).

81. 孙阳春. 大学治理中的道德风险防范：剩余权力的视角[J]. 高等教育研究, 2018(2).

82. 李福华. 新时代我国大学治理的基本特征、优势特色及推进路径[J]. 高等教育研究, 2018(4).

83. 李立国. 现代大学治理形态及其变革趋势[J]. 高等教育研究, 2018(7).

84. 胡娟. 熟人社会、科层制与大学治理[J]. 高等教育研究, 2019(2).

85. 李福华. 党的教育方针及其在高等学校贯彻落实的主要路径[J]. 中国高教研究, 2019(3).

86. 别敦荣. 美国大学治理理念、结构和功能[J]. 高等教育研究, 2019(6).

87. 伍海泉. 大学公权力：概念、溯源与治理——基于国家监察治理的视角[J]. 教育研究, 2020(10).

88. 张应强, 唐宇聪. 大学治理的特殊性与我国大学治理体系现代化[J]. 清华大学教育研究，2020(6).

89. 李立国. 大学治理的制度逻辑：融通"大学之制"与"大学之治"[J]. 华东师范大学学报(教育科学版)，2021(3).

90. 眭依凡. 大学内部治理体系创新：高等教育治理体系现代化的紧要议程[J]. 教育研究，2020(12).

91. 秦惠民，李登. 学生参与大学治理的理论逻辑与实践路径[J]. 高等教育研究，2021(3).

92. 周作宇. 大学治理的伦理基础：从善治到至善[J]. 高等教育研究，2021(8).

93. 杜玉波. 加快推进大学治理体系现代化[N]. 光明日报，2020-04-07.

94. 李立国. 解决大学治理困局须认真审视什么[N]. 光明日报，2014-12-16.

后　记

世上恐怕再没有什么东西会比时间过得"既慢又快"了。在不经意间，自博士毕业起，十年时光已逝。回想当年，因生计所迫，得老师眷顾，进入导师门下，攻读博士学位。那时，我的导师龚怡祖教授正极有兴致地研究大学治理问题。自然地，大学治理相关论题，开始成为我们众弟子之间的热门讨论话题，尽管我们对此总感觉多少有些"似懂非懂"。到要确定博士论文选题时，包括我本人在内，有两三位试图靠近大学治理主题的学生，最后都被导师委婉地一一"劝退"，理由是这个主题虽然"热门"但并不好驾驭。十年过去了，虽然期间发表过数篇大学治理主题的论文，甚至还算较早地从严格的治理意义角度提出了"学科治理"的命题，并较早发表了一系列有关学科治理的论文，但我依然不敢断言自己对大学治理有多少深刻、独到的研究，更不敢妄言自己的研究达到了何种水平。毕竟，大学治理是一个"看似并不高深、实则未必简单"的学术话题。若论看法，也许每个略知治理话语一二的"大学人"，都能结合自己的大学工作经历就大学该如何治理谈出些自己的感悟；但要谈出兼及学理和实际，具有深度和高度的见解，似乎却又并不简单，至少我个人的体会是这样的。因为能谈出些看法，所以也许能发表些文章；因为难以谈出独特的创见，所以又难以达到期待的高度，也许这就是很多人从事学术研究会遭遇的一个"困境"：在一个研究领域沉浸越久，似乎越感觉缺乏自信。不过，能对学术有所敬畏，应该终究不算坏事。毕竟，每个人在学术上的进步，都是从点滴积累，靠久久为功的，很难突飞猛进、一日千里。

整理和出版这本书的初衷，是想对自己十年来的所思所得作一个简单的总结。从有这个念头开始到正式动手整理，其间经历了不少犹疑和纠结。想做的理由是：博士毕业十年了，确实该作一番自我总结。若借用清华大学教育研究院的原创术语，叫"学术盘点"。在我这里，自然是"自我盘点"。犹豫的理由是，不是很确定这十年间的一点东西是否值得总结，尤其是否值得这么正式地整理并出版。几番纠结后，我终于心一横，决定做了再说。过于缩手缩脚，似乎也无甚必要。当然，毋庸讳言，个人所在学科面临着一些重要学科平台的申请，需要学科成员在规划时间内出点所谓的成果，也是一个相当重要甚至关键的出版动因，更是很多同行能够"理解"的组织任务。所以，这本书的产生，确实有那么些"形势所迫"的特殊背景。就像如今这个时代很多的学术工作一样，似乎已经很难分辨清楚其中可分别归为学术理想和现实需要的两种"成分"的分界线了。

回头来看，十年间的研究和成果似乎确实没有什么特别值得书写的精彩之处。尽管在这十年间，并不乏对大学内部治理的观察和思考。博士毕业后到岭南师范学院(原湛江师范学院)供职，先后在教育研究院和教育科学学院两个部门工作。教育研究院是学校的一个内设机构，初始定位应是研究机构，但实际情形却是行政事务性工作多于专业研究工作。因高等教育学专业背景的学校领导兼任教育研究院院长，我们难得地有机会贴近学校领导，与其进行非正式交流甚至学术探讨。借助这种交流探讨，在认识和理解一些校务问题及其决策时，在自身作为普通教职员工之外，尚能增加一种关键"他者"——学校领导的视角。几年下来，感觉受益匪浅。其后转到教育科学学院工作后，我又得以有机会深入接触本校优势学科对应学院的独特学院气候与学科生态，继而有机会参与学院和学科的许多重要决策。这样，从大学内部治理到学院内部治理，从旁观者到参与者，从研究者到实践者，观察对象、角度和坐标的变化，让我对大学治理有了更多源于直接或间接的工作体验的认识。在此期间，我从地方院校学科建设实际工作的触动中，捕捉到和提出了学科治理的重要命题，并成功申报个人主持的第二项教育部人文社科研究项目，于2017—2019年先后发表四篇关于学科治理的论文。应当说，这是十年间稍微值得一提的一件事。值得一提的，并非获得立项的项目和发表的文章本身，而是"跳出书本"、观察实践的重要研究工作方法论。记得当年读书时，导师曾对我们强调过"观察真实世界、研究有用学问"的告诫，回头再来品味这句话，感觉似乎又多明白了点什么。

学术无疑是大学教师这份职业的重要内涵和定位之一，大概率也是这份职业让人"爱恨交加"的重要内因之一。也许对于像我这类自身禀赋并无明显过人之处的普通大学教师而言，大学教师往往是一个让人既爱又恨的职业。与书为伴，与生为友，工作环境简单，人际关系单纯，是这份职业的可爱之处。学术研究的钻研之苦、创见之难和竞争之烈，又是这份职业的"可恨"之处。学术研究的坚持不易和突破之难，确实常常会让人有坚持不下去、想要放弃的念头，但内在的那一点热爱和想放弃时的那一丝不舍，又常常会把我们从放弃的边缘再拉回来。有鉴于此，大学教师所在的学系、学院，大学教师身边的同事、同行，也就不可避免地构成了支持一个人坚持下去的重要精神力量和生态要素。我很幸运，读书时能遇上像龚老师那样"经师人师、亦师亦友"的导师，工作时能遇上众多有教育情怀和学术情结的前辈和同仁。在此，真诚地感谢范兆雄院长多年来的关照和帮助，李乾明教授一路上的鞭策和鼓励，梁晋书记亲和有力的支持；感谢行政团队中郑赞芳组织员、李继波副院长和陈理才副书记在工作中的支持和生活中的关照；感谢慕彦瑾、张长征、石梦良、魏珂、闫闯、黄献、伍美群等同事在工作中的鼎力支持。

应当承认，受导师学术研究的影响，大学治理问题成为同门师兄弟妹探讨较多的学术话题之一。同时，在南京农业大学公共管理学院求学期间，也曾受过刘志民教授等其他师长的指导和教益。在岭南师院工作后，同样有过身边其他同事在学术上的合作和支持。因此，在个人前期的一些研究成果中，一定程度上也包含着他们的参与和贡献。这种参与和贡献，既体现在论文写作之前的讨论和辩论上，又体现在论文由我成文后他们所作的技术性打磨中。为体现对部分前期成果的参与者的尊重，现按本书各章的次序逐一说明。第一章，陈金圣；第二章第一节，陈金圣、刘志民、钟艳君；第二章第二节，陈金圣；第三章，陈金圣；

第四章第一节，陈金圣、谢凌凌；第四章第二节，陈金圣、邹娜；第四章第三、四节，陈金圣。感谢母校师长、师兄弟妹和同事们的支持。

"世事洞明皆学问，人情练达即文章。"人过不惑，对待工作和生活，对待世事和人情，心境和心态都在发生微妙的变化。如何调节工作与生活，照顾自己和家人，可能是另一种重要的学问和"文章"。在教育学术工作之外，打理好生活，关护好家人，同样是该努力的方向。所以，还应感谢家人的理解和支持，包括因忙于工作而疏忽甚多的儿子。幸好，已年满九岁的他，虽看不懂这部著作，但应看得懂后记中的这句话。

心有所感，录之为记。

陈金圣

二零二二年二月于湛江